Jean-Claude ABRIC

Psychologie de la communication

Théories et méthodes

Troisième édition

ARMAND COLIN

— COLLECTION CURSUS • PSYCHOLOGIE —

dirigée par Nicole Bacri, Colette Chiland, Gabriel Moser, Fayda Winnykamen

M.-M. BOURRAT, R. GAROUX	*Les relations parents-enfants. De la naissance à la puberté*, 2003.
J.-F. BRAUNSTEIN, É. PEWZNER	*Histoire de la psychologie*, 2005, 2e édition.
A. CARTRON, F. WINNYKAMEN	*Les relations sociales chez l'enfant*, 1999, 2e édition.
D. CORROYER, M. WOLFF	*L'Analyse Stastistique des Données en Psychologie*, 2003.
P.G. COSLIN	*Les conduites à risque à l'adolescence*, 2003.
P.G. COSLIN	*La psychologie de l'adolescent*, 2e éd., 2006.
P.G. COSLIN	*La socialisation de l'adolescent*, 2007.
M. DESPINOY	*Psychopathologie de l'enfant et de l'adolescent*, 1999.
E. DROZDA-SENKOWSKA	*Psychologie sociale expérimentale*, 2006, 2e édition.
N. FIORI	*Les neurosciences cognitives*, 2006.
M. GUIDETTI, C. TOURRETTE	*Handicaps et développement psychologique de l'enfant*, 1999, 2e édition.
M. GUIDETTI, S. LALLEMAND, M.-F. MOREL	*Enfances d'ailleurs, d'hier et d'aujourd'hui*, 2000, 2e édition.
C. LOUCHE	*Introduction à la psychologie du travail et des organisations*, 2007.
C. LOUCHE	*Psychologie sociale des organisations*, 2007, 2e édition.
T. LUBART	*Psychologie de la créativité*, 2003.
S. NICOLAS	*Mémoire et conscience*, 2003.
F. PAHLAVAN	*Les conduites agressives*, 2002.
É. PEWZNER	*Introduction à la psychopathologie de l'adulte*, 2000, 2e édition.
E. SIÉROFF	*La neuropsychologie*, 2004.
E. SPINELLI, L. FERRAND	*Psychologie du langage*, 2005.
C. TOURRETTE, M. GUIDETTI	*Introduction à la psychologie du développement. Du bébé à l'adolescent*, 1998, 2e édition.
H. WALLON	*L'évolution psychologique de l'enfant*, 2002, 11e édition.

À Christiane

ISBN : 978-2-200-34567-9
Internet : http ://www.armand-colin.com

ARMAND COLIN ÉDITEUR • 21, RUE DU MONTPARNASSE • 75006 PARIS

— Sommaire —

— Introduction —

La communication est devenue l'un des thèmes centraux de nos sociétés contemporaines. Du responsable de l'État au citoyen de base, chacun s'interroge. Pourquoi autant de difficultés à communiquer ? Comment favoriser la communication entre les hommes, entre les groupes, à l'intérieur des organisations ? Des cohortes de « spécialistes » de la communication vendent leurs services, une multitude de méthodes sont proposées pour se former ou s'améliorer dans les pratiques de communication. Ingénieurs, linguistes, informaticiens, psychologues étudient la question et proposent des modèles, des outils ou des conseils. Bref, la communication est un vaste et passionnant champ de réflexion, d'études et de réalisations. Notre objectif dans cet ouvrage sera d'aborder la communication sous l'angle de la psychologie et, plus précisément, de la psychologie sociale, discipline qui inscrit la communication comme l'un des thèmes majeurs de ses préoccupations. La psychologie sociale dont S. Moscovici dit qu'elle est bien effectivement « la science des phénomènes de l'idéologie et des phénomènes de communication » aux différents niveaux des rapports humains : rapports entre individus, en situation de groupe et entre groupes.

L'analyse des situations et des techniques de communication que nous allons proposer peut donc se donner une double ambition :

– présenter un mode d'approche de la communication humaine et les outils élaborés pour favoriser une communication plus authentique et plus efficace ;

– présenter ce qu'est le regard psychosociologique face à un tel objet, et constituer par là une initiation au moins partielle à la psychologie sociale.

Double ambition qui résulte d'une conviction profonde : la psychologie sociale est la discipline majeure et incontournable pour comprendre et intervenir dans les situations de communication.

Cet ouvrage d'initiation visera à présenter les principales théories psychologiques et les techniques de communication les plus sérieuses. Notre choix a donc visé, au-delà des spéculations théoriques hasardeuses et des techniques incontrôlées, à faire l'état des connaissances et des diverses approches que la psychologie scientifique a produites concernant la communication. Après avoir abordé, dans un premier chapitre, les facteurs généraux intervenant dans les situations de communication, nous traiterons trois grands thèmes :

– celui de la communication interindividuelle (chapitre 2) et des techniques de recueil d'informations en situation duelle (chapitre 3). L'accent sera mis sur les techniques d'entretien et sur le rôle essentiel de l'écoute dans la communication ;
– celui de la communication dans les groupes. À partir des différentes approches théoriques des processus de groupe (chapitre 5), nous aborderons deux grandes familles de méthodes : celles des techniques de groupe (chapitre 6), celles de l'observation des interactions et de la structure socio-affective des groupes (chapitre 7) ;
– celui de l'apport des recherches expérimentales sur deux questions majeures concernant les processus de groupe : celle de l'influence sociale (chapitre 8) et celle des relations entre communication, structure des groupes et performance (chapitre 9).

Une bibliographie générale regroupe à la fois les références de base et les ouvrages plus spécialisés pour les lecteurs qui souhaiteraient approfondir par la lecture leur connaissance du domaine. Nous avons toujours privilégié, pour favoriser le travail du lecteur, les versions françaises des textes étrangers, ce sont donc les dates de la traduction française qui figurent dans les références.

Ainsi conçu, l'ouvrage ne s'adresse pas uniquement aux étudiants de psychologie ou des filières « communication ». Il vise aussi à apporter une information de base à tous ceux – des travailleurs sociaux aux managers d'entreprise – pour qui la communication est à la fois une préoccupation majeure et un outil indispensable.

Chapitre 1

Facteurs généraux de la communication

Deux grands modèles d'analyse de la communication dominent le champ : un modèle techniciste, issu des réflexions et de l'approche cybernétique et un modèle psychosociologique issu des travaux de la psychologie sociale.

1. La communication comme situation technique

Le modèle élaboré par Shannon en 1952, dans le cadre de la théorie de l'information, a connu un succès considérable. Il est issu des travaux effectués par des ingénieurs en télécommunications, aidés de mathématiciens, et répondait à une question fondamentale pour l'industrie du téléphone et du télégraphe à l'époque. Comment améliorer la transmission d'une information – d'un signal – d'un point à un autre, c'est-à-dire comment transmettre un message avec le rendement optimal ? Coût minimum, efficacité maximum.

Pour Shannon donc, la communication peut être définie comme la transmission d'un message d'un endroit à un autre. Ce processus peut alors s'énoncer simplement et se représenter graphiquement clairement (*cf.* figure 1).

Il repose sur la mise en relation d'un émetteur et d'un destinataire. L'*émetteur* souhaitant donner une information va devoir la traduire en un langage compréhensible pour le destinataire et compatible avec les moyens de communication utilisés : c'est le *codage*. Le message ainsi élaboré va alors être émis et véhiculé grâce à un support matériel : le

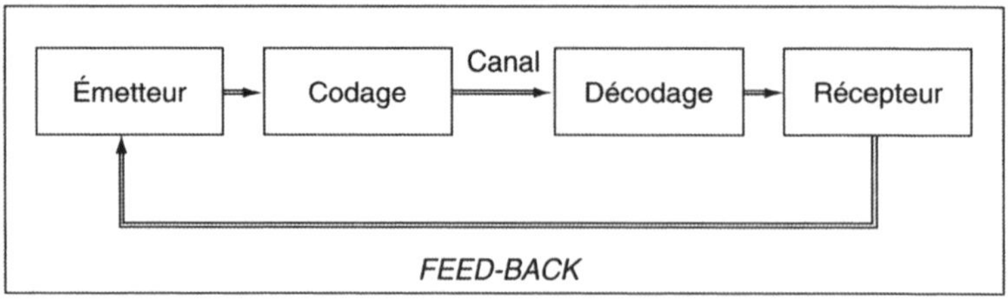

Fig. 1. Le schéma de la communication de Shannon

canal de la communication. Il parvient alors au destinataire, le *récepteur* qui, grâce à une activité de *décodage*, va pouvoir s'approprier et comprendre le message. Le système pour être pleinement efficace doit prévoir une modalité de contrôle, de régulation et de traitement des erreurs : c'est le *feed-back*, c'est-à-dire la boucle de rétroaction du récepteur vers l'émetteur.

Issu de la cybernétique, très prisé des théoriciens de l'information, le modèle de Shannon a également connu un grand succès auprès des linguistes de l'époque comme Jakobson (1963).

Deux critiques majeures peuvent être adressées à ce modèle : il ignore totalement le fait que la communication est effectuée par des *individus* (ou des groupes), c'est-à-dire par des opérateurs sur lesquels vont intervenir de manière massive des facteurs psychologiques, des contraintes sociales, des systèmes de normes, des valeurs.

Il pose la communication comme un processus linéaire (même si le *feed-back* boucle le système) et séquentiel.

L'étude et l'amélioration de la communication doivent alors se concentrer sur les problèmes d'encodage et de décodage des messages et sur la réduction des « bruits » susceptibles de perturber le canal. Sans nier bien entendu l'importance de ces éléments, nous allons maintenant voir comment l'analyse psychosociologique met en évidence le rôle essentiel d'autres facteurs de la communication.

2. L'analyse psychosociologique de la communication

La définition que nous donnons à la communication diffère sensiblement de celle de Shannon.

Pour nous, la communication est l'ensemble des processus par lesquels s'effectuent les échanges d'informations et de significations entre des personnes dans une situation sociale donnée.

Échange d'informations, de significations : les processus de communication sont donc fondamentalement sociaux, ils reposent et sont déterminés par les phénomènes d'interaction. *Toute communication est une interaction*. Étant une interaction, elle se présente comme un phénomène dynamique produisant une transformation, c'est-à-dire qu'elle s'inscrit dans un processus d'influence réciproque entre des acteurs sociaux. Il n'y a donc pas un émetteur et un récepteur, mais bien deux locuteurs en interaction : *deux interlocuteurs*. La communication ne peut être conçue comme un simple processus de transmission ; fondée sur l'interaction, elle est toujours une *transaction* entre les locuteurs : l'émission et la réception sont simultanées, l'émetteur est en même temps émetteur et récepteur, et non pas émetteur *puis* récepteur (et réciproquement).

La communication est donc bien un acte social, cet acte pouvant être délibéré ou involontaire, conscient ou non. Il est en tout cas l'un des actes fondateurs du lien social et, comme le formulent si bien les théoriciens de la « nouvelle communication » (Watzlawick en particulier), on ne peut pas ne pas communiquer. « Si l'on admet que dans une interaction, tout comportement a la valeur d'un message, c'est-à-dire qu'il est une communication, il suit qu'*on ne peut pas ne pas communiquer*, qu'on le veuille ou non » (Watzlawick *et al.*, 1972).

Car la communication ne repose pas bien entendu sur la seule expression orale : elle est un système à canaux multiples. Les gestes, les mimiques, la position corporelle, le silence lui-même sont des actes de communication : ils véhiculent en effet une signification. Ils témoignent de la nature du lien social existant ou souhaité.

La communication a donc toujours une finalité, un objectif. Cet objectif peut être explicite, implicite ou non conscient. Quelle que soit la situation de communication étudiée, l'une des questions fondamentales que l'on devra se poser pour comprendre et intervenir dans les situations de communication sera : quels sont les objectifs réels des acteurs ? Car, bien entendu, les objectifs annoncés peuvent parfaitement masquer des objectifs réels totalement différents.

3. Les facteurs déterminants de la communication

3.1. Le rôle des acteurs de la communication

Ceux que Shannon appelle l'émetteur et le récepteur et que nous appelons les locuteurs sont affectés par trois types de variables dans la situation de communication : des variables psychologiques, cognitives et sociales.

Les variables psychologiques

Tout individu qui communique est directement impliqué dans la situation, il y est engagé à travers sa personnalité et son système de besoins déterminant ses motivations (*cf.* Feertchak, 1996). Ces motivations, rappelons-le, peuvent être explicites, implicites ou non conscientes. Pour comprendre les facteurs psychologiques qui interviennent sur les acteurs de la communication, on peut s'inspirer du modèle que propose Lewin (1959) pour expliquer les comportements des individus.

• *Principes du fonctionnement psychologique.* Très influencé par des modèles issus de la physique, Lewin pose que tout individu fonctionne comme un organisme soumis à un ensemble de forces. Ces forces peuvent être d'origine externe – les pressions issues de l'environnement – ou d'origine interne – c'est-à-dire liées à l'histoire du sujet et à son implication dans la situation. L'ensemble de ces forces s'exerçant sur l'individu crée des besoins engendrant des tensions. Tout individu peut donc être considéré comme un organisme sous tension. Et ce sont ces tensions qui vont produire les comportements. Le comportement adopté par un individu dans une situation donnée vise à réduire les tensions qui s'exercent sur lui, à satisfaire les besoins engendrés par le système de forces externes et internes auquel il est soumis (*cf.* figure 2).

Champ social { *Forces internes* / *Forces externes* } ⇨ *Besoins* ⇨ Tensions ⇨ *Comportement*

FIG. 2. Principe du fonctionnement psychologique

Le comportement est finalement la résultante des forces qui s'exercent sur un organisme donné à un moment donné. Ces forces peuvent être de deux natures :

– les forces positives correspondent aux besoins d'accomplissement, d'atteinte de certains objectifs, de réalisation. Elles créent des tensions positives, qui vont engendrer un certain type de comportement visant à résoudre ces tensions positives : ce sera le comportement *d'approche* ;

– les forces négatives correspondent aux besoins de se détourner d'objets ou de situations, de faire en sorte de ne pas rencontrer tel ou tel individu, de ne pas subir tel événement. Elles créent des tensions négatives à l'origine du deuxième grand type de comportement : le comportement *d'évitement* (*cf.* figure 3).

Forces positives ⇨	Tensions positives ⇨	Comportement d'APPROCHE
Forces négatives ⇨	Tensions négatives ⇨	Comportement d'ÉVITEMENT

FIG. 3. Les deux grands types de comportement

Dans toute situation de communication, on peut donc poser que compte tenu de l'ensemble des forces, internes et externes, positives et négatives, qui s'exercent sur eux, les acteurs visent toujours un double objectif : atteindre certains objectifs et éviter de se placer dans une situation menaçante (pour soi, son statut, etc.). Le comportement des acteurs dans une situation de communication suppose, pour être compris, une analyse difficile visant à repérer les motivations réelles qui sous-tendent ces comportements, c'est-à-dire à répondre aux deux questions fondamentales : 1) qu'est-ce que l'individu cherche à atteindre ? et 2) qu'est-ce qu'il cherche à éviter ?

Un individu qui émet un message par exemple peut l'émettre à la fois pour atteindre l'objectif explicite de la communication, mais aussi pour éviter certains éléments qui lui posent problème. Consciemment ou non, il va opérer un filtrage, une sélection de l'information à transmettre. Le message n'est donc pas élaboré seulement par rapport à ce qui est pertinent à transmettre mais aussi par rapport aux problèmes de l'émetteur lui-même.

Ce double jeu des forces positives et négatives correspond à celui *des désirs et des défenses* qui fait que toute communication repose ou produit un système de contrôle, de transformation, de filtrage ou de sélection de l'information qui peut certes être délibéré mais qui, dans la plupart des cas, est inconscient. Parmi ces processus à l'œuvre dans la communication nous allons présenter les deux qui nous semblent à la fois les plus fréquents et les plus puissants. Il s'agit des mécanismes projectifs et des mécanismes de défense.

• *Les mécanismes projectifs.* Les phénomènes de projection peuvent se présenter sous deux grandes formes dans la communication :

– soit ils consistent à *assimiler* la pensée d'autrui à la sienne, c'est-à-dire à prêter à l'autre ses propres sentiments, à penser qu'il fonctionne comme moi. Cette assimilation de l'Autre à soi-même est l'une des raisons essentielles de la non-communication car elle produit une non-prise en compte de la différence, de la spécificité de l'interlocuteur, interdisant par là de considérer ses caractéristiques propres, qu'elles soient cognitives ou affectives ;

– soit ils consistent à attribuer aux autres des attitudes capables de justifier mes sentiments et mes comportements envers lui. À lui attribuer, par exemple, une agressivité qui n'existe pas mais qui n'est que ma propre agressivité projetée et qui me permet de justifier une attitude négative ou un refus de communication.

• *Les mécanismes de défense.* Si, dans une situation de communication, une information reçue (ou à envoyer) menace de bouleverser l'équilibre interne de l'individu, on va voir apparaître des mécanismes visant à maintenir ou à restaurer cet équilibre. L'individu va alors organiser l'information, le message, de telle sorte qu'il corresponde à la structure antérieure de ses attitudes. Autrement dit, toute information qui ne correspond pas au système de valeurs, au système de normes, au système de relations acceptées, et qui menace son propre système d'attitudes, sa propre vision du monde, va déclencher quasi automatiquement un mécanisme de défense. Ce mécanisme vise à protéger le système de fonctionnement personnel ou idéologique. On peut l'observer dans les situations de *communication*, sous ses quatre formes les plus courantes.

– *La scotomisation* : processus qui consiste à éliminer une information gênante en ne la percevant même pas. Comportement connu et spectaculaire : on me dit quelque chose qui me gêne alors je ne l'entends pas, je ne l'entends réellement pas, et ceci, de manière tout à fait inconsciente. La scotomisation équivaut à la mise en place d'un filtre sélectif qui ne laisse passer que les informations congruentes, neutres ou peu menaçantes.

– *La mémorisation sélective* : mécanisme là encore bien connu qui consiste, sitôt l'information problématique reçue, à immédiatement l'oublier. Processus qui correspond à la fameuse expression populaire « Entrer par une oreille et sortir par l'autre ». Des psychanalystes aux psychologues cognitivistes, tous s'entendent au moins sur un point : les mécanismes de la mémoire ne correspondent pas à des processus simples, ils sont déterminés à la fois par des facteurs cognitifs, des facteurs affectifs et des facteurs sociaux et idéologiques. On mémorise plus ou moins bien certains éléments plutôt que d'autres, en fonction de son état affectif, de son mode de fonctionnement cognitif, de son système de croyances et de normes.

– *L'interprétation défensive* : mécanisme qui consiste à donner à une information une signification différente de son sens réel, mais qui est conforme à ce que l'on voudrait qu'elle soit. L'information, ici, peut être fort bien reçue et mémorisée, mais elle est transformée dans un sens conforme aux attentes ou au système d'attitudes.

– *La négation de l'autorité de la source* : si l'information pose problème, l'individu va la dévaloriser en mettant en cause l'autorité, la compétence ou la bonne foi de celui qui est à l'origine de l'information. L'information ainsi dévalorisée perd son statut d'information : elle peut être négligée ou éliminée.

Les variables cognitives

Si, comme nous venons de le voir, les acteurs de la communication sont largement déterminés par leur personnalité et leurs affects, ils le sont tout autant par leur mode de fonctionnement cognitif.

• *Leur système cognitif tout d'abord.* C'est-à-dire l'organisation de leur fonctionnement mental et intellectuel. Tout individu est déterminé par le système cognitif qui est le sien, c'est-à-dire par un certain mode de réflexion, d'organisation et de traitement de l'information, dont l'origine est le type de formation qu'il aura reçu. Ce fonctionnement cognitif est à la fois individuel et social. Depuis une vingtaine d'années en effet les recherches sur la cognition sociale ont pu montrer que le fonctionnement cognitif était largement dépendant du contexte social dans lequel il se met en œuvre (*cf.* Beauvois et Deschamps, 1990) et que le traitement d'une information de nature sociale reposait sur des règles spécifiques (présence de biais cognitifs, processus de catégorisation sociale, attribution de causalité, etc.). Dans la communication, le système cognitif des locuteurs va déterminer le langage utilisé, c'est-à-dire le code de la communication. Il va déterminer également l'organisation logique et l'interprétation des messages. Dès lors, il sera nécessaire, pour qu'une communication soit efficace, que le mode de fonctionnement cognitif soit au maximum commun. Quant à l'élaboration d'un message, il est clair qu'elle doit reposer sur la prise en compte du système cognitif de la « cible ».

• *Leur système de représentation ensuite*. Nous appelons représentation l'ensemble organisé des informations, des croyances, des attitudes et des opinions qu'un individu (ou un groupe) élabore à propos d'un objet donné. La représentation est le produit et le processus d'une activité mentale par laquelle un individu (ou un groupe) reconstitue le réel auquel il est confronté et lui attribue une signification spécifique. Il n'existe donc pas – dans les activités humaines – de réalité objective. Toute réalité est représentée, c'est-à-dire appropriée, reconstruite dans le système cognitif. L'individu – comme les groupes – ne réagit pas à la réalité telle qu'elle est mais à la réalité telle qu'il se la représente. La notion de représentation sociale, introduite par S. Moscovici en 1961, est une notion clé dans l'analyse de l'interaction et donc de la communication. En effet, la représentation va jouer un rôle de filtre interprétatif, c'est-à-dire que l'individu va interpréter, décoder la situation et les comportements de son partenaire en fonction de sa représentation de la situation. Par ailleurs, la représentation de la situation détermine un système d'attentes et d'anticipations concernant, par exemple, le comportement de l'autre, le contenu de ce qu'il va dire, etc. L'existence de ces représentations fait qu'aucun individu n'aborde la situation de communication de manière neutre, mais qu'il dispose déjà à priori, d'une image de ce que doit être la situation et qu'ainsi, bien souvent, avant même que ne débute l'interaction, elle est déjà déterminée, prédéterminée par le système de représentation. Les jeux, en quelque sorte, sont faits à l'avance. Car ce sont bien souvent les représentations qui déterminent les comportements ou guident les pratiques sociales (*cf.* Abric, 1994).

Dans la situation de communication, trois éléments de la représentation de la situation vont jouer un rôle essentiel soi, l'autre et la tâche à effectuer.

– *La représentation de soi*. Elle se fonde sur deux composantes : le Moi intime et le Moi public.

Nous appellerons *Moi intime* l'image que l'individu se fait de lui-même, de ses forces et de ses faiblesses, de sa compétence réelle, de ses caractéristiques personnelles. Ce moi intime est, la plupart du temps, privé, non connu des autres et non exprimé. Mais il est fondamental dans la détermination du comportement de l'individu. Selon qu'il se perçoit lui-même comme puissant ou misérable, il adoptera des comportements et instituera avec les autres un mode de relation radicalement différent.

L'autre aspect de la représentation de soi est constitué par le *Moi public*, le Moi déclaré, c'est-à-dire l'image de soi que l'on donne aux autres – et qui peut être radicalement différente de l'image intime. Là encore, le comportement va être dicté par l'image de soi que l'on veut donner aux autres.

On peut résumer les effets de ces deux composantes de la représentation de soi en disant que, dans toute situation d'interaction, l'individu va se comporter et réagir en fonction *de ce qu'il pense être et de ce qu'il veut paraître*. Et, dans la situation de communication, cette image de soi va intervenir dans le comportement adopté face à l'autre, dans le type de langage utilisé avec lui, dans le choix du canal de communication, dans la finalité attribuée à la situation.

– *La représentation de l'autre.* C'est l'image que l'on se fait du partenaire et où va intervenir l'image de ses caractéristiques psychologiques (personnalité) cognitives (compétence) et sociales (statut). Et là encore, cette représentation va intervenir dans la nature des relations, dans les supports utilisés et dans la finalité perçue de la situation de communication.

– *La représentation de la tâche ou du contexte.* C'est en fonction de l'image qu'il se fait de la tâche à accomplir que – consciemment ou non – l'individu va adopter un certain type de démarche cognitive, c'est-à-dire un certain mode de raisonnement, qu'il va estimer le code et le canal le plus approprié à la communication. De même, si l'on veut comprendre la nature des réactions et des échanges des acteurs, faudra-t-il s'interroger sur la signification qu'ils attribuent au contexte dans lequel ils communiquent.

La connaissance des représentations des acteurs de la communication est donc un élément indispensable pour la compréhension et l'amélioration de la communication. Car l'existence de représentations sociales partagées est l'un des facteurs fondamentaux à l'établissement d'une communication sociale effective.

Les variables sociales

• *Rôles et statut social.* Le statut social est déterminé par la place qu'un individu occupe dans un système social donné et à un moment donné. C'est donc une position sociale objectivement repérable. Le statut social s'inscrit comme un élément central d'un système hiérarchisé. Il est l'un des constituants de l'identité sociale et de l'image de soi. Mais ce statut est associé à *une* situation sociale donnée, il peut donc varier d'un moment à l'autre, d'une situation à une autre. Et tout individu va évoluer dans des situations où son statut sera différent.

En fonction de son statut, l'individu va être amené à développer un certain nombre de rôles sociaux : il va développer les comportements et attitudes qui lui semblent appropriés à son statut. Plus précisément, il va adopter les comportements que les autres attendent de lui compte tenu de son statut. Ici encore apparaît une des prédéterminations de la communication. Le statut des locuteurs détermine des attentes réciproques de rôles. Dans l'interaction peuvent alors apparaître deux types de perturbations :

– *le conflit de rôles* : lorsqu'un individu donné adopte un comportement différent de celui attendu compte tenu de son statut ;

– *la rigidité de rôles* : lorsqu'un individu maintient dans une nouvelle situation sociale un rôle correspondant à une autre situation (le patron par exemple qui continue à jouer un rôle de patron dans une situation de loisirs).

Présentation de la notion de représentation sociale (inspirée d'Abric, 1987)

La notion de « représentation sociale » se réfère directement à la théorie élaborée dès 1961 par S. Moscovici. Cette théorie a permis de définir une orientation de recherche en psychologie sociale qui s'est avérée particulièrement féconde pour analyser et comprendre les processus d'interactions individuels, intra ou inter-groupes.

Le point de départ de cette théorie est l'abandon de la distinction – classique et en particulier fort développée dans les approches béhavioristes – entre le sujet et l'objet. La théorie de représentations pose en effet, « qu'il n'y a pas de coupure entre l'univers extérieur et l'univers intérieur de l'individu (ou du groupe). Le sujet et l'objet ne sont pas foncièrement distincts » (Moscovici, 1961). L'abandon de cette coupure permet dès lors de donner un nouveau statut à ce qu'il est convenu d'appeler la « réalité » définie essentiellement par les composantes objectives d'une situation. On pose donc qu'il n'existe pas à priori, de réalité objective, mais que toute réalité est représentée, c'est-à-dire appropriée par un individu ou un groupe, intégrée dans un système cognitif. *Et c'est cette réalité appropriée, restructurée qui constitue pour le sujet la réalité même.* L'élément majeur de cette appropriation étant alors constitué par la signification de la situation.

La signification d'une situation peut être, certes, déterminée en partie par les composantes objectives, mais elle résulte essentiellement du système d'attitudes, conscientes ou non, développé par l'individu ou le groupe. Elle résulte à la fois de l'individu (de ses expériences propres) et du contexte social et idéologique qui l'environne. *La représentation est le produit des relations réelles ou imaginaires que l'individu entretient avec l'objet représenté.*

« La représentation est le produit et le processus d'une activité mentale par laquelle un individu ou un groupe reconstitue le réel auquel il est confronté et lui attribue une signification spécifique. Elle tient compte à la fois de la réalité de l'objet et de la subjectivité de celui qui la véhicule. Elle est le lien, nécessaire à l'action, entre l'objet et l'opinion qui lui est attachée. Toute représentation produit une vision globale et unitaire de l'objet et du sujet. Elle restructure la réalité pour permettre une intégration à la fois des caractéristiques de l'objet, des expériences antérieures du sujet et de son système d'attitudes et des normes » (Abric, 1987).

La représentation est donc une « vision du monde », vision fonctionnelle permettant à un individu de donner un sens à ses conduites (elle détermine ses comportements), de comprendre la réalité à travers son propre système de référence (donc de s'y adapter, de s'y définir une place).

Outre qu'elle constitue une modalité de connaissance, la représentation est également « un guide pour l'action ». En effet, elle détermine face à une situation, un ensemble d'anticipations et d'attentes qui prédétermine l'interaction. Elle est inductrice de sens, par le système de pré-décodage qu'elle engendre. Autrement dit, dans une situation où une représentation est déjà constituée, les jeux sont faits à l'avance, et cela d'autant plus que toute représentation « résiste » d'une certaine façon au changement.

• *Préjugés et stéréotypes.* Tout individu fonctionne consciemment ou inconsciemment avec un certain nombre de préjugés et de stéréotypes sociaux facilitant ou perturbant la communication. Ces jugements préétablis sont liés à l'histoire du groupe d'appartenance du sujet mais aussi à un certain nombre d'autres facteurs : c'est ainsi que les préjugés sociaux à l'égard d'une minorité ethnique apparaissent ou prennent une ampleur considérable dans des situations de crise sociale ou économique.

S'ils jouent un rôle déterminant dans la communication, c'est qu'ils sont l'une des composantes de la représentation de l'autre et donc de la signification attribuée à la situation. Ils ont une fonction anticipatrice du comportement et des réactions du partenaire. Ils prédéterminent et canalisent la communication.

L'influence de ces stéréotypes a été mise en évidence dans une recherche très instructive réalisée aux États-Unis par Razran en 1950. L'expérimentateur soumet à des sujets un ensemble de trente photos d'identité présentant des visages sympathiques et « ethniquement » neutres. Leur tâche consiste à formuler des jugements sur chaque photo et sur six caractéristiques : sympathie, beauté, intelligence, force de caractère, ambition, gaieté. Deux mois après, on demande aux sujets d'effectuer un nouveau jugement, à partir des mêmes critères et sur les mêmes photos, à la seule différence qu'à ces photos sont maintenant associés un nom et un prénom : noms et prénoms juifs, ou italiens, ou irlandais, ou américains typiques. Les jugements sont très consistants d'une phase à l'autre pour les prénoms américains. Par contre, on observe des changements importants pour les autres photos. C'est ainsi, par exemple, que les photos « juives » diffèrent significativement du premier jugement sur certains critères : elles montrent des gens qualifiés de « plus intelligents », de « plus ambitieux », de « moins sympathiques » et de « caractère plus faible ». Cet exemple montre bien comment les individus réagissent non pas à l'individu tel qu'il est (les photos sont les mêmes) mais tel qu'ils se le représentent en fonction des stéréotypes auxquels inconsciemment ils se réfèrent. Et que ces préjugés vont bien entendu jouer un rôle essentiel dans la nature de la relation que l'individu va établir avec son interlocuteur.

Voici donc présentés, rapidement, quelques-uns des facteurs essentiels qui interviennent sur les acteurs de la communication. On voit que l'on est loin des « émetteurs-récepteurs » désincarnés du modèle de Shannon. Qu'elles soient d'origine psychologique, cognitive ou sociale, de multiples influences, visibles ou masquées, font de la situation de communication une réalité particulièrement complexe et largement prédéterminée.

3.2. Les facteurs influençant le code et le canal

Les variables physiques ou objectives

La qualité d'une communication va en grande partie dépendre de la qualité et de la pertinence du code utilisé. Le code sera d'autant plus efficace qu'il sera adapté à la nature de l'information échangée, à la finalité de la situation, aux caractéristiques des acteurs concernés de la situation. On peut considérer que pour toute communication, il existe un code optimal, ce code optimal étant celui qui permet la meilleure compréhension du message transmis. Il doit toujours être élaboré en fonction du récepteur. Dans une situation de communication visant la transmission ou l'échange d'informations, le code utilisé sera d'autant plus performant qu'il sera non ambigu. La polysémie du code et son ambiguïté sont toujours sources de difficultés de communication. Cette adaptation du langage à l'interlocuteur est d'ailleurs, semble-t-il, un comportement spontané apparaissant dès le plus jeune âge. Masur, en 1978, a ainsi pu montrer que des enfants de quatre ans modifient et adoptent leur mode d'expression usuel lorsqu'ils sont confrontés à des partenaires plus jeunes (enfants de deux ans).

Cette adaptation spontanée du langage n'est pas exclusive des différences d'âge. Siegel (1963) montre que face à des handicapés mentaux, aussi bien les parents que la plupart des adultes utilisent spontanément un système linguistique moins élaboré. Les phrases énoncées, par exemple, sont d'autant plus brèves et simples que le handicap de l'interlocuteur est important.

Les variables psychologiques et psycho-sémantiques

• *L'effet de halo.* C'est l'effet engendré par la résonance symbolique que peut éveiller chez les acteurs de la communication tel ou tel mot. Un mot, une idée, un message, peuvent déclencher toute une chaîne d'associations individuelles et personnelles qui peut, dans certains cas, bloquer toute communication : c'est ce qu'il est convenu d'appeler des « mots chocs » extrêmement difficiles à maîtriser car souvent liés à l'histoire spécifique de l'individu récepteur.

Mais l'effet de halo fonctionne également d'un point de vue social et collectif. L'utilisation de tel ou tel terme dans la communication témoigne souvent des positions idéologiques et des relations entretenues par l'émetteur avec l'objet du message. L'exemple le plus connu et le plus simple de ce phénomène concerne le mot utilisé pour parler de la police. Selon que l'émetteur parle des « flics », des « forces de l'ordre » ou des « gardiens de la paix », il verbalise beaucoup plus que l'indication d'un objet, mais celle aussi de sa relation à l'objet. Reprenant l'expression de Hayakawa, il existe pourrait-on dire, des « mots grondants » et des « mots ronronnants ».

• *Le poids des mots.* Tous les traits d'un message n'ont pas la même pondération. Il existe une hiérarchie entre ces éléments, certains d'entre eux jouant un rôle central dans la compréhension de la communication ou dans son interprétation. C'est ainsi que Asch en 1946 réalise une expérience mettant clairement en évidence cette caractéristique des messages. Il présente à des sujets une liste d'adjectifs associés à un personnage, le rôle des sujets consistant alors à décrire et qualifier le personnage en question.

La liste proposée à la moitié des sujets est la suivante : intelligent, compétent, travailleur, chaleureux, décidé, pratique, prudent. À l'autre moitié des sujets on présente exactement la même liste à une exception près : le terme « chaleureux » a été remplacé par le terme « froid ». Asch constate alors que ce seul changement entraîne des jugements radicalement différents. Avec le terme « chaleureux » le personnage est décrit comme « généreux, plein d'humour, sociable et populaire ». Avec le terme « froid » il devient « arriviste, calculateur, snob et antipathique ». De telles différences n'apparaissent que grâce à la substitution froid-chaleureux. Les variations des autres termes produisent peu ou beaucoup moins de jugements contrastés. Le terme chaleureux est donc bien central, c'est lui qui joue le rôle essentiel dans la formation de l'impression. La centralité d'un mot, sa place dans la hiérarchie, dépend du contexte et en particulier de la finalité de la situation. Complétant ses observations, Asch montre également que lorsque la liste d'adjectifs comprend simultanément un élément central et son contraire, c'est toujours l'aspect négatif qui est valorisé dans la formation de l'impression.

La centralité d'un terme est déterminée par la nature et l'importance de l'information qu'il véhicule. C'est ainsi que les adjectifs qui témoignent d'un écart à une norme sociale (par exemple « malhonnête ») ont un poids beaucoup plus important dans le jugement que les adjectifs plus neutres ou moins marqués par une référence à des relations sociales (par exemple « intelligent »).

• *L'ordre des mots.* De même l'ordre des mots peut jouer un rôle décisif dans la signification attribuée. C'est ainsi que les premiers mots sont survalorisés par rapport aux mots qui leur succèdent. C'est l'effet de primauté. Les premiers mots, comme le signalait déjà Aristote, sont essentiels parce qu'ils introduisent et donc déterminent une attente, une anticipation de la suite du message. Comme le sont d'ailleurs toujours les premiers instants d'une rencontre, ainsi que le souligne Lewis : « Gérez chaque seconde d'une première rencontre. N'allez pas croire que l'on puisse facilement corriger une mauvaise impression. Remettre les choses à leur place est beaucoup plus difficile que de les ordonner au point de départ. »

Si les premiers mots sont favorisés, il en est de même des derniers : leur place dans le message les privilégie dans les processus de « mémorisation », donc dans les effets à plus long terme de la communication, *c'est l'effet de récence.* Ces deux effets (primauté et récence) expliquent pourquoi tant d'hommes politiques ou de débatteurs tiennent à s'exprimer les premiers et les derniers dans les joutes oratoires.

Moins connus et plus subtils sont d'autres effets d'ordre étudiés par Rommetweit (1971) à propos de la place respective d'un nom et d'adjectifs dans un message.

Quand on place un nom au début d'une série d'adjectifs, on favorise la mémorisation de toute la liste et on privilégie les adjectifs les plus proches du substantif, c'est-à-dire les premiers éléments du message. On obtient l'effet inverse si l'on place le nom à la fin du message. Les premiers adjectifs sont alors négligés et les derniers survalorisés – c'est-à-dire, là encore, ceux qui sont les plus proches du nom. Certains éléments – ici le nom ou le substantif – jouent donc un rôle central dans l'interprétation du message et le poids respectif des autres éléments.

Le choix du canal de communication

Pour la psychologie sociale, le canal de communication ne se limite pas aux supports utilisés ou aux moyens mis en œuvre pour acheminer le message (par exemple la voix, l'écriture, le geste).

Il comprend également les conditions physiques dans lesquelles s'effectuent les échanges, la position dans l'espace, le lieu de la rencontre, etc.

Sans avoir recours aux vérifications expérimentales réalisées à ce sujet, notre expérience quotidienne nous apprend par exemple que deux types de disposition spatiale favorisent la communication, il s'agit du face-à-face et du côte à côte. Plus intéressant est le fait que ces situations spatiales retentissent à leur tour, et sur le type de discours des locuteurs, comme l'illustrent bien Abravanel et Ackerman (1973) : « Lorsqu'on utilise un canal de communication peu familier ou très contraignant le langage oral a tendance à se rapprocher du langage écrit. L'organisation du discours est plus structurée, les jugements sont plus consistants, l'attention que donne un locuteur à l'efficacité de ces messages est plus grande : à l'opposé le discours oral usuel est relativement plus redondant, formellement moins élaboré et comprend une plus grande proportion de verbes que de noms – ce qui traduit une orientation du langage plus active que descriptive – enfin le taux d'émission linguistique est plus élevé. »

Si le choix du canal a un effet direct sur la nature de l'expression, il véhicule également une signification sociale. Il manifeste une intentionnalité en choisissant par exemple le canal écrit, le locuteur marque à la fois son objectif (par exemple qu'il y ait enregistrement du message), sa vision de la tâche (l'écrit est plus approprié à ce type d'information), et *le type de relation qu'il entend établir* avec son interlocuteur (ici éventuellement marquer une distance, une hiérarchie ou une volonté de rester dans un mode de relation formel). Les canaux de communication sont toujours fortement connotés par la dimension sociale de la situation.

Le rôle des acteurs

Dans la plupart des situations de communication, le locuteur dispose d'une marge de manœuvre, d'une liberté assez importante. C'est lui qui peut choisir les mots et le langage qu'il utilise, qui les agence dans un certain ordre, qui les transmet en utilisant un canal donné, etc. L'émetteur est donc « un créateur » qui fournit par son message tout un ensemble d'informations, de signes à propos de lui-même, de sa vision de l'objet de la communication, de la situation sociale qu'il souhaite ou perçoit. Informations perçues, interprétées, jugées par son interlocuteur et qui vont déterminer les réactions, l'engagement, la réceptivité ou le blocage de ce dernier. La communication n'est donc pas seulement échange, elle est structurante socialement dans les limites des contraintes de la situation (contraintes du code linguistique, contraintes de la tâche, contraintes liées aux normes sociales et aux statuts). C'est bien en ce sens qu'elle est comme nous le signalions au début, échange de significations dans un ensemble de transactions (*cf.* Bromberg, 1990).

Notre lecteur a pu constater, à propos du code et des canaux, que nous avons abordé la communication uniquement sous son angle verbal. Chacun sait qu'à côté ou avec ces communications verbales se réalise tout un ensemble de communications non verbales, régies par un langage et un code non verbal fortement marqué culturellement.

3.3. Les facteurs de contexte et d'environnement

Rôle du contexte spatial

La disposition spatiale des locuteurs joue un rôle essentiel dans la nature des échanges : type de langage utilisé, interprétation de la finalité de la situation. Ce résultat peut être généralisé à l'ensemble de l'organisation de l'espace. L'aménagement matériel de l'espace est fortement socialisé. La simple disposition des tables dans une salle de conférences manifeste une intentionnalité : dialogue et échange pour un espace ouvert et circulaire, monologue et absence d'interaction pour un espace fermé, ordonné et hiérarchisé comme une salle de classe ou un amphithéâtre.

Le lieu choisi pour communiquer, mais aussi le moment, l'utilisation ou non d'éléments matériels marqués socialement (fauteuils, bureaux, etc.) interviennent directement sur la nature et la qualité de l'interaction entre les acteurs.

Rôle du contexte social

Nous ne reviendrons pas sur l'importance de la nature et de la répartition des statuts et des rôles sociaux dans les communications. Illustrons par un autre facteur ce rôle du contexte social. Il s'agit de l'effet de la présence d'un public ou d'observateurs sur le comportement, ce qu'il est convenu d'appeler en psychologie sociale, la *co-action*. De nombreuses recherches ont permis de montrer que la présence d'un public (passif) agit directement sur la motivation, la démarche cognitive et la performance de sujets effectuant différents types de tâches (*cf.* Zajonc, 1967).

Plus précisément, la co-action, comme la présence d'un public, augmente le niveau général de motivation, elle augmente la performance mais gêne l'apprentissage. Par ailleurs, la co-action entraîne une plus grande modération et une plus grande uniformité des jugements émis. Elle intervient donc positivement lorsque les sujets effectuent des tâches qu'ils maîtrisent bien. Par contre, elle a un rôle négatif dès qu'il s'agit d'aborder des problèmes complexes nécessitant un apprentissage. On voit à travers ces résultats le parti qu'on peut en tirer dans la gestion des communications. Privée ou publique, avec ou sans témoins, la nature de la communication est directement influencée par le contexte social dans lequel elle se déroule, sans pour autant qu'une règle unique puisse être appliquée, car un même contexte social jouera un rôle différent selon la nature de l'échange, sa complexité et sa finalité.

Rôle du contexte culturel et idéologique

La pratique de la communication, le décodage de la signification d'indicateurs verbaux ou non verbaux sont directement déterminés par le contexte culturel. Ce contexte culturel peut être ici entendu aussi bien au sens étroit qu'au sens large.

Au sens étroit, la micro-culture d'une organisation, d'une institution, d'un groupe social donné détermine des modes de communication, un système d'échanges qui peut être complètement spécifique – c'est-à-dire compréhensible et mis en œuvre que dans ce contexte limité. Quant au sens large, nous savons tous par expérience, qu'il peut être extrêmement difficile de communiquer avec des interlocuteurs issus d'une autre culture, faute de moyens de codage et de décodage appropriés de l'information transmise. Dumas, cité par Stoetzel (1963), illustrait dès 1906 cet état de fait à propos de la signification culturelle du sourire. Si dans notre culture le sourire manifeste une attitude d'écoute et de relation positive, il en va très différemment dans d'autres cultures : chez les cafres de Bornéo il exprime le dédain, chez les Japonais l'embarras.

4. Communication bilatérale et *feed-back*

Au terme de cette analyse, la communication apparaît comme un système complexe, déterminé par un ensemble de facteurs matériels, psychologiques, cognitifs et sociaux. Les causes de difficulté ou de perturbation dans la communication sont nombreuses et puissantes. Il est donc indispensable qu'existent dans ce système des possibilités de régulation, d'adaptation et de transformation. Quelle que soit l'option théorique choisie, la conclusion est identique : pour être efficace, la communication doit fonctionner comme un système circulaire, elle doit s'autoréguler. L'élément central de cette régulation est constitué par le *feed-back,* qui permet au récepteur d'émettre ses réactions.

Une communication correcte suppose une flexibilité des rôles, un échange et non pas une transmission. Toute communication doit s'analyser, s'organiser et se réaliser comme une interaction, *toute communication doit être bilatérale.* Qu'il s'agisse de transmission d'ordres, de consignes ou d'informations, d'échanges socio-affectifs, c'est la rétroaction réciproque qui permet l'atteinte optimale des objectifs. Cette rétroaction, ce *feed-back* correspond à quatre fonctions :

– fonction de contrôle de la compréhension, de la bonne réception des messages ;
– fonction d'adaptation du message aux caractéristiques des acteurs, aux difficultés rencontrées ou à d'autres événements nécessitant une modification du contenu ou de la forme ;
– fonction de régulation sociale par la flexibilité des rôles et des fonctions assurées par les différents acteurs facilitant la compréhension du point de vue de l'autre et favorisant l'apprentissage social ;
– fonction socio-affective enfin : l'existence du *feed-back* augmente la « sécurité interne » des acteurs. Il réduit l'appréhension et augmente la satisfaction.

Reste un problème : celui de la nature du *feed-back,* de ce retour de la communication vers l'autre. Quel est le *feed-back* optimum à une communication authentique ? C'est à cette question que nous allons tenter de répondre dans les chapitres suivants.

Première partie

La communication interindividuelle

Chapitre 2

Attitudes et communication interindividuelle. L'approche non directive

Paradoxalement, fort peu de recherches de psychologie sociale, si l'on excepte ceux de Ghiglione (1986), concernent la communication interindividuelle en tant que telle. Si de nombreux travaux sont consacrés à la communication persuasive, aux bases de l'attraction interindividuelle, à la perception sociale, aux relations altruistes ou agressives, on cherche vainement des recherches consacrées aux situations d'échanges entre deux individus en relation directe. Dans le dernier ouvrage en français consacré aux relations à autrui (Moscovici, 1994), aucun chapitre ne traite ce sujet. Et c'est donc plutôt du côté des thérapeutes ou des professionnels de l'interview et de l'enquête qu'il nous faut chercher des éléments de réponse à la question centrale de ce chapitre : comment favoriser la communication entre deux personnes en interaction ? Si, comme nous le pensons, communiquer c'est s'exprimer et être entendu, la question précédente peut être formulée en des termes sensiblement différents et plus précis : comment permettre à chaque individu de s'exprimer le plus authentiquement possible dans la situation interindividuelle ?

Nous poserons alors que la qualité d'une communication interindividuelle est déterminée, avant tout, par le type de relation existant entre les deux personnes en interaction. Et cette relation résulte en particulier des attitudes développées pour chacun des acteurs.

1. La notion d'attitude

On appelle attitude « l'état mental et neurophysiologique déterminé par l'expérience et qui exerce une influence dynamique sur l'individu en le préparant à agir d'une manière particulière à un certain nombre d'objets ou d'événements » (Allport).

Les attitudes sont également des prises de position d'un individu par rapport à un objet. Elles s'expriment plus ou moins ouvertement à travers différents symptômes ou indicateurs très variables : la parole, le ton de la voix, le geste, les actes, mais aussi par l'absence de gestes et d'actes. Autrement dit, si l'on essaie d'extraire de la définition de Allport l'idée essentielle, elle consiste à poser que *l'attitude, c'est ce qui est supposé être derrière le comportement. C'est-à-dire que les attitudes sont des prédispositions à agir. L'attitude est une cause des comportements. C'est une cause* relativement cachée ou inconsciente, ce qui d'ailleurs la distingue de l'opinion qui est la manifestation explicite d'une attitude. Donc l'attitude sera, dans la plupart des situations d'interaction, le phénomène à découvrir et à analyser.

Si l'attitude est ce qui est supposé se trouver derrière le comportement, la relation attitude-comportement reste encore à l'heure actuelle fort peu connue et le thème de débats très importants en psychologie sociale depuis plus de quarante ans (*cf.* Deschamps et Beauvois, 1996).

En tant que prise de position, l'attitude est donc orientée, affectée d'une valence positive ou négative et d'une pondération, c'est-à-dire d'une intensité. Elle joue un rôle essentiel dans le système de représentation des individus ou des groupes. Clé de voûte de la représentation de la situation, l'attitude va jouer un rôle majeur dans la situation de communication.

2. Fonction des attitudes

De manière générale, les attitudes répondent à trois fonctions :

– Une fonction *cognitive* correspondant au fait que *les attitudes organisent les perceptions.* Un exemple très simple illustre cette caractéristique : si on présente à des individus des ensembles de mots, en particulier, des mots ambigus, on constate que les mots les mieux reconnus, perçus, sont ceux non pas qui ont la fréquence la plus élevée dans la langue, mais ceux qui correspondent ou se rapportent aux valeurs dominantes du sujet, c'est-à-dire à ses attitudes.

– Une fonction *énergétique* ou fonction tonique : les attitudes déterminent la nature et l'intensité des motivations.

– Une fonction *régulatrice* : les attitudes visent à unifier les opinions d'un individu, elles génèrent et gèrent la cohérence interne des opinions et des comportements, et sont en ce sens proches des représentations comme elles, elles constituent des filtres interprétatifs de la réalité.

Dans la communication interindividuelle elles interviennent de manière décisive :

– Elles sont un élément déterminant du climat relationnel.

– Elles jouent un rôle très important dans la qualité de la relation qui s'instaure entre les acteurs. De nombreuses recherches ont pu montrer en effet que la perception d'une communauté d'attitude – c'est-à-dire le fait de penser que l'Autre partage son système d'attitudes – est l'un des éléments les plus puissants de l'attraction entre personnes. Et que, par exemple, dans les bases de l'attraction, les sujets accordent plus d'importance à la communauté d'attitudes qu'à la similarité culturelle (Kim, 1991).

– Enfin, l'attitude adoptée par chaque acteur détermine directement la nature de la relation sociale, elle intervient dans la définition du statut de chacun dans la relation, elle détermine la qualité et la nature de ce qui va être exprimé.

3. Typologie des attitudes interindividuelles

Dans une situation de communication interindividuelle, tout individu peut être amené à développer cinq grands types d'attitudes. Cette typologie des attitudes est largement inspirée des travaux de Porter. Elle va nous permettre de comprendre comment toute attitude détermine un certain type de relation.

Nous verrons aussi le type de conséquences de chacune de ces attitudes sur la communication et pourrons ainsi en tirer des principes d'interaction. Ainsi pourront être définies les principales caractéristiques d'une situation de communication optimale visant l'expression de l'autre.

3.1. L'attitude d'interprétation

Définition

C'est l'attitude qui consiste à formuler, à verbaliser à l'autre les raisons cachées qui sous-tendent ce qu'il vient de dire ou de faire.

Type de relation créé

Qui dit interprétation dit interprétant et interprété. Quelqu'un sait et dit à l'autre ce qu'il ne sait pas. L'attitude d'interprétation crée donc, ou renforce, une différence de statuts entre les acteurs de l'échange : elle crée une relation hiérarchisée au bénéfice de celui qui interprète. Elle crée ou renforce une relation de dépendance de l'interprété à l'interprétant : plus j'interprète quelqu'un, plus je le rends dépendant de moi. La nature de la dépendance est fondée sur la relation à un savoir : l'interprétant se pose en détenteur d'un supposé savoir.

Conséquences possibles sur l'expression de l'Autre

– Face à la relation de dépendance l'autre peut réagir par un refus de se laisser enfermer dans cette situation. C'est la réaction dite de *contre-dépendance* dont la forme courante est l'agressivité.

– La deuxième conséquence possible de l'attitude d'interprétation est le blocage de l'expression de l'autre. On peut distinguer deux types de situations d'interprétation : soit l'interprétation est juste, soit elle est fausse.

Si l'interprétation est fausse, on comprend assez facilement qu'elle puisse produire le blocage de la communication puisqu'elle manifeste une incompréhension de l'autre, incompréhension qui ne favorise pas l'expression. Quand on verbalise une interprétation fausse, l'autre risque de s'arrêter de s'exprimer, puisqu'il perçoit qu'on ne comprend rien à ce qu'il a dit.

Mais, reste le deuxième cas, celui où l'interprétation est juste.

L'interprétation juste, paradoxalement, est le type d'interprétation susceptible de produire le blocage maximum. En effet, la formulation d'une interprétation juste va déclencher, dans une majorité des cas, des mécanismes de défense, d'autant plus importants que l'interprétation est pertinente.

Finalement, qu'elle soit juste ou qu'elle soit fausse, on prend un risque considérable en utilisant l'attitude d'interprétation dans la communication, celui de déclencher un blocage. À ce moment de l'analyse se pose alors une question délicate.

Comment se fait-il que l'on dise que l'interprétation est une attitude négative – car il est bien évident que la conclusion que l'on va tirer de cette réflexion est qu'il ne faut pas interpréter si l'on veut communiquer – alors que l'on sait qu'un certain nombre de praticiens de la psychologie utilisent l'interprétation de manière quasi systématique dans les relations thérapeutiques ? On peut répondre à cela que l'interprétation dans les situations thérapeutiques est une formulation qui n'apparaît comme pertinente *qu'à partir d'un certain moment de la communication,* de la cure.

C'est-à-dire qu'une interprétation peut effectivement jouer un rôle positif, *à condition qu'elle soit formulée à un moment ou l'autre peut l'entendre, l'accepter et l'assumer. C'est-à-dire se l'approprier.* Et c'est parce qu'il peut se l'approprier qu'à ce moment-là, elle va jouer un rôle positif.

Lorsque l'on dit non-interprétation, il ne s'agit pas de dire que l'interprétation est à exclure, définitivement et totalement d'une situation de communication, mais plutôt que *l'attitude d'interprétation ne peut, en aucun cas, être le fondement de la communication, elle ne peut en être que l'aboutissement.*

Donc, interprétation, première conséquence possible : contre-dépendance, agressivité, détérioration du climat, détérioration de la communication. Deuxième conséquence : blocage, que l'interprétation soit juste ou fausse, arrêt de l'expression.

– La troisième conséquence possible est la canalisation du discours de l'autre. L'interprétation est l'une des méthodes les plus performantes de manipulation. Si l'on veut induire le discours de l'autre dans une direction plutôt que dans une autre, l'un des moyens les plus sûrs de cette induction va consister à formuler telle ou telle interprétation l'incitant ainsi à réagir par rapport à cette dernière. Une série d'interprétations peut canaliser et orienter complètement le discours de l'autre dans la direction voulue par l'interprétant.

Conclusion

L'attitude d'interprétation fait courir un grand nombre de risques par rapport à l'objectif visé. Nous pouvons en tirer les conséquences et définir la première composante de cette situation de communication optimale visant l'expression de l'autre, la première règle de ce type d'interaction.

C'est la règle de non-interprétation qui peut être formulée simplement plus l'on cherche à permettre à l'autre de s'exprimer authentiquement, moins on doit l'interpréter. Plus j'interprète, moins je permets à l'autre de s'exprimer réellement, personnellement, profondément.

3.2. L'attitude d'évaluation

Définition

C'est l'attitude qui consiste à formuler un jugement positif ou négatif par rapport à ce que l'autre exprime ou à ce que l'autre fait.

Type de relation créé

Qui dit évaluation dit évaluateur et évalué, juge et jugé. Donc l'attitude d'évaluation repose ou crée une différence de statut entre les locuteurs. Elle crée ou elle renforce une relation de dépendance de l'évalué par rapport à l'évaluateur. L'attitude d'évaluation, comme l'attitude d'interprétation, bien que reposant sur des processus différents, crée ou renforce une relation de dépendance.

Conséquences possibles

La première conséquence possible, c'est le blocage de la communication. Blocage de la communication face à une évaluation négative. Le fait, pour l'individu qui s'exprime, de recevoir une évaluation négative par rapport à ce qu'il vient de dire, crée un climat relationnel négatif, réduit sa motivation à s'exprimer et l'amène à ne plus verbaliser des informations ou des sentiments pour lesquels il risque d'être jugé négativement.

On pourrait dire en première analyse, et à juste titre, qu'il est évident qu'une évaluation négative perturbe la communication mais que par contre le fait de recevoir un jugement positif, peut faciliter la communication. Nous allons voir que ce n'est pas le cas.

En effet, face à une évaluation positive, le risque majeur est le risque d'induction du discours de l'autre et plus précisément, l'induction par sélection. Cette induction par sélection correspond à ce que l'on pourrait appeler un biais de positivité : c'est le processus par lequel un individu qui reçoit un jugement positif, c'est-à-dire une gratification, est amené, dans la plupart des cas inconsciemment, à sélectionner dans ses opinions, informations ou sentiments, les éléments qui lui permettront de continuer à recevoir des évaluations positives.

Donc, *premier risque* de l'attitude d'évaluation, le *blocage* (l'évaluation négative) et, *deuxième risque, l'induction* (évaluation positive). Le *troisième risque* a déjà été abordé à propos de l'interprétation et de *la relation de dépendance* : à partir du moment où il y a relation de dépendance, une des conséquences possibles de la relation de dépendance est une réaction de contre-dépendance, *c'est-à-dire l'agressivité.*

Conclusion

Compte tenu de cette analyse et des conséquences possibles de l'attitude d'évaluation sur la communication, on va donc poser une seconde conclusion, par rapport à une situation de communication optimale.

Cette seconde conclusion, le second principe, comme vous vous en doutez, va être le *principe de la non-évaluation.*

Plus j'évalue quelqu'un, que ce soit positivement ou négativement, moins je lui laisse la possibilité de s'exprimer de manière authentique. Plus je veux que l'autre s'exprime, moins je dois le juger.

3.3. L'attitude d'aide ou de conseil

Définition

C'est l'attitude qui consiste à proposer à l'autre, compte tenu de ce qu'il a exprimé, des solutions ou des éléments de solutions. C'est donc une attitude qui, à priori, manifeste un intérêt pour l'autre.

Exemples des différents types d'attitudes (inspirés de C. Rogers et M. Kinget)

Interview d'un homme de 35 ans

« Je suis décidé à arriver à quelque chose. Je n'ai pas peur de travailler dur. Je n'ai pas peur de recevoir quelques coups durs, pourvu que je sache où je vais. Et il ne me répugne pas de passer par-dessus les autres – qui sont dans mon chemin – parce que c'est tout pour moi. Je ne peux pas me contenter d'un emploi médiocre. Non, je veux ÊTRE quelqu'un ».

Réactions possibles

1. Attitude d'interprétation

En somme, vous vous conduisez comme un ambitieux parce qu'il faut vous prouver à vous-même votre valeur.

2. Attitude de compréhension

Vous estimez qu'il faut que vous soyez en avant, quels que soient les efforts et les moyens pour y parvenir…

3. Attitude de questionnement

Que pensez-vous qui vous pousse à cette grande résolution d'arriver à quelque chose ?

4. Attitude d'aide, de conseil

Est-ce que cela vous intéresserait de passer quelques tests pour déterminer dans quelles branches vous pouvez espérer réussir le mieux ? Cela pourrait être d'un grand appoint pour vous.

5. Attitude d'évaluation

Une grande ambition peut être un véritable atout pour quelqu'un. Êtes-vous certain, cependant, que vous le pensez vraiment quand vous dites qu'il ne vous répugne pas de passer par-dessus ceux qui se trouvent sur votre chemin ? Cela pourrait vous faire plus de mal que de bien.

Type de relation créé

Qui dit conseil, dit conseilleur et conseillé, aidant et aidé, donc comme dans les deux attitudes précédentes, bien que de nature complètement différente, cette attitude d'aide ou de conseil repose, renforce ou crée une différence de statuts, c'est-à-dire une *relation de dépendance.* Plus je conseille quelqu'un, plus j'aide quelqu'un, plus je le rends dépendant de moi.

Conséquences possibles

Le risque majeur de l'attitude d'aide ou de conseil est d'induire *la superficialité du discours de l'autre.* En effet, l'attitude d'aide ou de conseil vise à prendre en charge l'autre, à prendre en charge ses problèmes et à lui proposer une aide ou des conseils. Dès lors, cette attitude consiste à se substituer à lui, réduisant ainsi *ses possibilités de résoudre par lui-même ses propres problèmes.*

Par ailleurs, dans une situation de communication, l'attitude d'aide ou de conseil amène une *centration de l'expression sur les solutions au détriment d'une centration sur l'analyse du problème lui-même.* D'autre part, l'initiative de cette recherche de solutions vient du conseilleur et non du conseillé. Au lieu de parler du problème, on va parler des solutions.

Deuxième conséquence possible, c'est *l'induction* de la communication dans le sens de solutions proposées par le conseilleur.

En multipliant les attitudes d'aide ou de conseil, on peut parfaitement canaliser, induire, manipuler l'expression de l'autre.

La troisième conséquence possible est liée à l'attitude rassurante. Attitude que nous développons tous assez facilement et assez spontanément ; cette attitude rassurante est celle qui consiste à dire face à quelqu'un qui manifeste une difficulté ou un problème : « Ne dramatisons pas », « Ce n'est pas si grave », « Tu t'en sortiras ».

Cette attitude rassurante, malgré les bons sentiments qui l'animent, est bien entendu l'une des pires attitudes d'aide possible. *Elle manifeste en effet une non-prise en compte du vécu de l'autre.* En formulant ce type d'aide, qui peut à la limite être une manifestation inconsciente d'agressivité vis-à-vis de l'autre, ce que l'on crée de fait, c'est la perception chez l'autre d'une incompréhension de notre part, ou en tout cas, *d'une non-prise en compte, c'est-à-dire d'une non-écoute réelle de ce qu'il dit.* Et cette attitude rassurante, va, dans la plupart des cas, déboucher soit sur *l'agressivité,* soit sur *le blocage,* c'est-à-dire sur l'arrêt de l'expression de la communication.

Conclusion

Attitude d'aide ou de conseil relation de dépendance, superficialité du discours de l'autre, induction du discours de l'autre. En conséquence, si on s'intéresse à notre situation de communication optimum, visant l'expression de l'autre, on va poser un troisième principe et une troisième règle, qui est la règle de *non-conseil ou de non-aide.*

Plus je conseille quelqu'un, plus j'aide quelqu'un, moins je lui permets de s'exprimer réellement. Donc, plus je veux permettre à quelqu'un de s'exprimer réellement, moins je dois adopter par rapport à lui une attitude de conseil, une attitude d'aide, une attitude rassurante.

Cette prise de position pose problème car d'une part l'une des fonctions aux psychologues est la fonction de conseil, et d'autre part, il y a des gens dont c'est le métier de conseiller – que ce soit le conseil d'orientation professionnel, le conseil matrimonial, etc. Quand nous disons que l'attitude de conseil est une attitude à exclure de la communication, il ne s'agit pas de dire qu'on ne va pas s'intéresser aux autres, que l'on ne va pas les aider ou les conseiller. Il s'agit de dire que même si l'objectif est d'aider ou conseiller, cette aide ou ce conseil nécessite que le demandeur puisse exprimer et développer au maximum ses questions ou ses demandes. L'attitude d'aide et de conseil ne peut pas fonder une communication authentique entre les personnes ; elle en est l'aboutissement.

C'est parce que je lui aurai permis de s'exprimer, c'est parce qu'il aura pu grâce à mon attitude d'écoute, développer ses sentiments et ses points de vue, que j'aurai beaucoup plus d'éléments pertinents pour formuler le conseil.

Je l'ai aidé, mais je ne l'ai pas aidé en lui proposant des solutions, je l'ai aidé en lui permettant un cheminement interne et externe de réflexion et d'expression, qui va favoriser la prise en charge par lui-même de ses propres problèmes. Plus on sera proche de ce mode de relation, plus le conseil sera pertinent, plus il sera accepté et plus il sera appliqué.

3.4. L'attitude de questionnement ou attitude d'enquête

Définition

C'est l'attitude qui consiste, pour permettre à l'autre de s'exprimer, à lui poser des questions.

Type de relation créé

L'attitude d'enquête se donne bien comme objectif l'expression de l'autre. La nature de la relation semble donc reposer sur la prééminence de celui qui s'exprime. Pourtant qui dit questionnement dit questionneur et questionné, enquêteur et enquêté. Celui qui pose les questions, qui les choisit, qui les formule, jouit de fait d'un statut privilégié. Illustré d'ailleurs par cette formule courante que l'on peut entendre de la part de celui qui veut rester maître d'un débat ou d'un échange : « Ici c'est moi qui pose les questions ». L'attitude de questionnement, comme les trois précédentes, crée ou renforce une différence de statut, elle crée ou renforce la dépendance du questionné au questionneur.

Conséquences possibles

Le questionnement fait courir à la communication deux risques majeurs.

• *La superficialité de la personne enquêtée.* Imaginons un échange entre vous-même et une autre personne. Vous posez une question et l'autre y répond. Vous lui posez alors une deuxième question, il répond et ainsi de suite. Que va-t-il alors se passer très rapidement ? Après avoir répondu à la question, l'enquêté va s'arrêter et attendre la question suivante. La dynamique du questionnement est une dynamique de la superficialité ; elle génère la démobilisation cognitive de l'autre : il se focalise sur l'attente de la question suivante au détriment du développement ou de l'approfondissement de ce qu'il vient d'exprimer. Plus on pose de questions, plus l'information que l'on recueille va porter sur des faits, des comportements et non sur des sentiments ou des motivations qui nécessitent une activité interne beaucoup plus importante de la part de l'interviewé. Le questionnement repose sur la prise en charge de l'exploration de l'Autre, prise en charge externe, étrangère ne lui permettant pas une implication profonde.

• *La canalisation et la manipulation de l'expression de l'Autre.* Le questionnement est l'un des outils les plus puissants de la manipulation délibérée ou de la canalisation inconsciente. Car dans le questionnement peuvent se mettre en œuvre de nombreuses sources d'induction dont les plus fréquentes sont de trois types.

1) *L'induction par sélection des questions* : la formulation d'une question résulte toujours d'un choix effectué – consciemment ou non – parmi tout un ensemble de questions possibles. Dès lors le choix des questions permet bien entendu à l'enquêteur d'orienter le discours de l'autre dans une direction ou d'éviter que ne soit abordé tel ou tel thème. C'est la manipulation délibérée. Mais plus puissants encore sont les processus inconscients de sélection, fondés sur les mécanismes projectifs et de défense. Ainsi aura-t-on tendance à poser des questions

correspondant à sa propre vision des choses (projection) et à éviter soigneusement – et inconsciemment – de poser les questions qui nous posent problème (protection, défense) : le questionnement est dans ces cas organisé non pas en fonction de l'enquêté mais des caractéristiques psychologiques de l'enquêteur.

2) *L'induction par la formulation de la question* : la même question posée sous deux formes différentes donne des réponses significativement différentes. L'utilisation de certains mots est susceptible, par exemple, de déclencher certaines réactions affectives ou idéologiques, entraînant des biais considérables, comme le montre l'exemple suivant cité par Dautriat (1963) et extrait d'une enquête réalisée aux États-Unis. L'utilisation du terme « interdire » en lieu et place de « ne pas autoriser » entraîne une chute importante de l'adhésion.

Première formulation de la question

« Trouvez-vous que les USA devraient autoriser des discours publiés contre la démocratie ? »

Deuxième formulation

« Pensez-vous que les USA devraient interdire des discours publiés contre la démocratie ? »

Réponses obtenues :

Première formulation	
On devrait autoriser :	21 %
On ne devrait pas autoriser :	62 %
Non-réponses :	17 %
Deuxième formulation	
On ne devrait pas interdire :	39 %
On devrait interdire :	46 %
Non-réponses :	15 %

3) *L'induction par l'ordre des questions* : le sujet qui répond à des questions s'efforce de se conformer à une règle sociale non écrite mais extrêmement puissante : celle de la consistance, de la cohérence cognitive ou idéologique. Cette règle lui interdit de formuler une réponse en contradiction trop flagrante avec ce qu'il a énoncé – surtout publiquement – auparavant. Quand il répond à la question 2, il va donc tenir compte – souvent de manière non consciente – de ce qu'il a répondu à la question 1. Puis il tiendra compte de ses réponses aux questions 1 et 2 pour répondre à la question 3 et ainsi de suite. L'ordre dans lequel se déroule le questionnement risque donc d'enfermer

l'individu dans une logique discursive, qui l'amène – sous l'effet de cohérences successives – à dire « blanc » là où il aurait spontanément répondu « noir ». Certaines questions sont donc « contagieuses », elles déterminent ce qu'il est convenu d'appeler un effet de Halo, effet illustré par un exemple là encore proposé par Dautriat. Le taux de réponse « Oui » obtenu à la question « Assistez-vous à la messe le dimanche ? » est significativement plus élevé auprès des enquêtés auxquels on demandait auparavant s'ils étaient pratiquants. La réponse « Oui » à cette première question « impose » la réponse à la question 2. Si l'on supprime cette induction, le taux de réponses « Oui » à la question portant sur la participation à la messe passe de 60 % à seulement 42 %.

Conclusion

Même s'il s'énonce comme visant l'expression, force est de constater que le questionnement présente des dangers importants si l'on veut connaître le point de vue de l'autre : plus on pose de questions, moins il peut approfondir et plus il peut être canalisé. Une communication authentique nécessite donc une utilisation la plus limitée possible du questionnement. Non pas sa suppression – car dans l'interaction communicative, l'autre s'attend à ce qu'on lui pose des questions et le fait de ne lui en poser aucune risquerait d'induire chez lui surprise, méfiance et donc de détériorer le climat – mais son contrôle strict. La quatrième composante de notre situation de communication optimale pourra alors être formulée en ces termes : non-questionnement systématique. Plus je pose de questions, moins je permets à l'autre de s'exprimer librement et profondément. Dès lors la volonté de limiter ce risque va se traduire par l'utilisation minimale de questions et, lorsque celles-ci apparaissent indispensables, par une formulation la plus ouverte possible. Donc : non-questionnement systématique + questions ouvertes.

3.5. L'attitude de compréhension

Définition

C'est l'attitude qui consiste à manifester à l'Autre que l'on s'intéresse à ce qu'il dit et qu'on l'écoute pour essayer de le comprendre et non pas de le juger. Cette attitude se manifeste concrètement par la *reformulation,* intervention qui consiste à renvoyer à l'Autre ce qu'il vient d'exprimer dans un souci de contrôle de la compréhension et de stimulation de l'expression et de l'approfondissement.

Type de relation créé

Reformuler, c'est reprendre ce que l'Autre vient d'exprimer. Celui qui reformule est donc totalement dépendant de celui qui s'exprime. L'attitude de compréhension crée également une différence de statut mais cette différence est inversée par rapport aux quatre attitudes précédentes ; elle crée *une relation de dépendance à l'autre*. Parmi toutes les attitudes susceptibles d'apparaître en situation de communication, la compréhension est la seule qui privilégie effectivement l'autre.

Conséquences possibles

La création d'un *climat* relationnel facilitateur de l'expression. Ce climat favorable est déterminé par deux facteurs essentiels.

Il témoigne d'un intérêt pour l'autre, il crée une situation où les menaces qu'il peut ressentir en s'exprimant vont être réduites, puisqu'il ne se sent ni jugé, ni interprété, ni « interrogé ». Le climat de compréhension réduit donc ses mécanismes de défense.

– *L'approfondissement de l'expression* : en recentrant l'Autre sur lui-même dans un climat positif, l'attitude de compréhension lui permet de continuer sa réflexion, elle l'incite à développer les opinions ou sentiments qu'il vient d'exprimer, et ceci sans canalisation.

– *Le risque d'interprétation* : la difficulté majeure de l'attitude de compréhension est de rester centré exclusivement sur l'Autre et ce qu'il a dit sans pour autant chercher les raisons qui le guident. Comprendre n'est pas interpréter, c'est « seulement » entendre ce que l'autre exprime, sans sélectionner ou prendre position. Les reformulations partielles, comme les reformulations partiales, sont en contradiction avec l'attitude compréhensive.

Conclusion

L'analyse des mécanismes mis en œuvre pour l'attitude de compréhension – non-canalisation, climat relationnel favorable, invitation à l'approfondissement – permet de conclure que c'est la compréhension qui va constituer la cinquième composante de notre situation optimale de communication visant l'expression de l'autre.

4. La situation optimale de communication

La situation la plus propice à l'expression de l'autre est donc la situation où il ne se sent ni jugé ni analysé et interprété, ni guidé par des conseils, ni manipulé ou harcelé par des questions. C'est une situation où il se sent *ÉCOUTÉ.*

L'écoute est la caractéristique fondamentale de la communication visant l'expression d'autrui.

Non pas une écoute interprétative ou évaluative, mais une écoute compréhensive. C'est dans les situations où les individus se sentent réellement écoutés qu'ils s'expriment le plus et le mieux, c'est-à-dire le plus authentiquement possible. L'absence de communication résulte de l'absence d'écoute réelle entre les acteurs. Celui qui souhaite faciliter l'expression de l'autre est donc soumis à deux impératifs :

– manifester cette attitude de compréhension ;

– contrôler ses réactions spontanées qui vont beaucoup plus dans le sens de l'évaluation, de l'interprétation, de l'aide ou du questionnement que dans celui de la compréhension.

L'analyse des attitudes dans les termes de Porter nous a donc amené à définir une situation de communication optimale visant l'expression constituée par cinq éléments (*cf.* encadré *infra*). Cette situation n'est pas définie en termes de composantes techniques ou d'outils de communication : elle repose exclusivement sur des principes attitudinnels.

Caractéristiques d'une situation de communication optimale visant l'expression de l'autre

1. Non-évaluation
2. Non-interprétation
3. Non-conseil
4. Non-questionnement systématique
   Questions ouvertes
5. Compréhension
   Reformulation

Ces cinq caractéristiques définissent l'attitude d'ÉCOUTE ACTIVE.

Elle correspond à une orientation théorique et méthodologique en psychologie sociale, initiée et développée par C. Rogers. Il s'agit de *l'orientation non directive.* D'abord élaborée dans un contexte thérapeutique – la thérapie centrée sur le client –, cette orientation a connu un très grand succès en psychologie sociale appliquée. Elle a donné lieu à l'élaboration d'un certain nombre d'outils de communication comme l'entretien non directif ou l'animation non directive de groupe, elle inspire encore de nombreuses pratiques d'intervention qui vont de la pédagogie à l'intervention sur les groupes, les institutions ou les organisations.

5. L'orientation non directive

Le moteur du processus thérapeutique tel que le pose C. Rogers résulte dans la découverte par le client d'un événement exceptionnel : le thérapeute s'intéresse réellement à lui. C'est la prise de conscience de ce fait majeur qui va entraîner « un changement dans la manière dont l'individu est capable et désireux de se communiquer lui-même. S'étant senti accepté, il en arrive à s'accepter, à reconnaître ses problèmes et à prendre conscience de son expérience intérieure… Il arrive à communiquer avec lui-même. »

Pour Rogers dans la communication interindividuelle, comme dans la relation thérapeutique, l'essentiel est la création d'un *climat* relationnel particulier fondé sur quatre composantes, qui sont les quatre fondements de l'esprit et de la démarche rogérienne.

Les différentes attitudes et leurs conséquences

Types d'attitudes	Conséquences sur l'Autre
1. *ÉVALUATION* Porter un jugement positif ou négatif	*Si jugement négatif* : – Agressivité – Blocage *Si jugement positif* : – Le maintien d'un *feed-back* gratifiant sélection
2. *INTERPRÉTATION* Expliquer, donner les raisons cachées du discours ou du comportement	– Blocage si l'interprétation est fausse ou prématurée – Agressivité – Canalisation, justification
3. *AIDE, CONSEIL* Proposer une solution dédramatiser, rassurer	– Superficialité de l'expression – Canalisation – Démobilisation (décalage entre dédramatisation et vécu)
4. *QUESTIONNEMENT* Poser des questions pour obtenir plus d'informations	– Réponses superficielles par non-approfondissement – Canalisation, manipulation consciente ou inconsciente – Perception d'un harcèlement (inquisition)
5. *COMPRÉHENSION* Reformuler pour essayer de comprendre sans juger	– Création d'un climat positif (réduction des menaces) – Incitation à poursuive et approfondir

5.1. L'acceptation inconditionnelle de l'Autre

C'est-à-dire le refus de tout jugement sur ce que l'autre exprime, mais aussi l'acceptation du silence éventuel de l'autre. Acceptation inconditionnelle de ce qui est dit, de la manière dont cela est exprimé et du fait que l'autre ne souhaite pas exprimer tel ou tel sentiment.

5.2. La neutralité bienveillante

Complément indispensable de l'acceptation inconditionnelle, elle n'est pas une neutralité passive fondée sur un refus de s'engager. Elle est bien un engagement sans jugement, mais un engagement positif reposant sur l'intérêt porté à l'autre, sur une « considération positive », un intérêt désintéressé.

5.3. L'authenticité

La condition indispensable pour que le climat souhaité s'instaure, c'est que le thérapeute ou l'interviewer s'intéresse réellement à ce qu'exprime l'autre. Seule l'authenticité de l'intérêt pour l'autre permet d'être disponible pour lui, par rapport à ce qu'il dit. Elle est une condition absolue d'une écoute compréhensive. Cette authenticité peut aller jusqu'à devoir exprimer ses propres sentiments dans la situation d'interaction.

5.4. L'empathie

C'est une qualité, une aptitude et une volonté, probablement la composante la plus difficile à mettre en œuvre. Elle nécessite la volonté et la capacité de contrôler ses propres réactions socio-affectives afin de se rendre disponible à l'autre. Elle consiste à s'immerger dans le monde subjectif de l'autre, pour essayer de le comprendre de l'intérieur, à voir la situation avec les yeux de l'autre. Non pas se mettre à sa place, mais d'une certaine manière, ressentir ce que lui ressent, essayer de savoir, dit Rogers, « comment on se sent si l'on est l'autre, afin de ressentir non seulement les choses superficiellement, mais aussi accéder à des significations plus profondes ». On oublie trop souvent par ailleurs que l'empathie est définie par deux composantes :

– la réceptivité aux sentiments vécus par l'autre ;
– la capacité verbale de communiquer cette compréhension.

L'empathie doit donc être active et transmise à l'autre. Une empathie qui ne s'exprime pas n'est qu'une attitude interne sans grand effet sur la qualité de la communication.

Si ce climat est créé, alors, nous dit Rogers, pourra se mettre en œuvre « la capacité qu'a tout individu de se comprendre lui-même et de résoudre ses propres problèmes à suffisance pour la satisfaction et l'efficacité nécessaires au fonctionnement adéquat ». Mais « l'exercice de cette capacité requiert un contexte de relations humaines positives, favorable à la conservation et au rehaussement du “Moi” » ; autrement dit, elle requiert des relations dépourvues de menace ou de défi à la conception que le client a de lui-même. On comprend pourquoi, plutôt que non directive, l'approche proposée par Rogers est selon ses propres termes une *approche, une relation centrée sur le client.*

Contrairement à une erreur fréquente, il est donc essentiel de ne pas confondre non-directivité et laisser-faire. Car l'attitude non directive, l'écoute compréhensive sont une attitude, une écoute active nécessitant de la part de celui qui les développe une très importante activité, intérieure et extériorisée, verbale et non verbale. L'attitude non directive repose nécessairement sur une présence effective, chaleureuse et ressentie pour l'autre. Elle peut s'appuyer sur une technique que nous allons étudier dans le chapitre suivant : l'entretien non directif.

5.5. L'origine industrielle de l'entretien non directif

Si c'est le nom de C. Rogers qui est associé à l'approche non directive, et ceci de manière tout à fait légitime puisqu'il en a été le théoricien, il est bon de savoir que dès 1929 se mettait en place, toujours aux États-Unis, mais dans une entreprise – la Western Electric – une démarche d'intervention fondée sur l'entretien non directif.

Dans le cadre de l'intervention célèbre de Mayo dans cette entreprise, qui a abouti à l'établissement du courant des relations humaines en psychologie industrielle, s'est déroulée une très importante enquête réalisée auprès du personnel de l'entreprise. Elle visait à connaître l'opinion des ouvriers en particulier vis-à-vis de la maîtrise et des conditions de travail.

L'enquête a d'abord été réalisée – vu l'importance de la population : 29 000 ouvriers – par questionnaire. Elle a entraîné des résultats décevants et surtout de très fortes critiques de la part du personnel concernant la trop grande rigidité du système de réponse proposé : d'une part il imposait trop un cadre de pensée, d'autre part il interdisait l'expression de sentiments plus personnels.

Face à ces critiques, Mayo et Roethlisberger décidèrent d'inverser la démarche de questionnement utilisée : ne plus faire répondre à des questions préétablies mais aux questions que les enquêtés se posaient eux-mêmes. L'entretien non directif était né, ainsi défini, et qui va être appliqué sur 20 000 personnes.

Les règles de ce type d'entretien formulées par Roethlisberger et Dickson (1943) sont très proches de celles formulées par Rogers.

a) L'interviewer doit traiter tout ce qui est dit dans un entretien comme un élément inséparable de son contexte.

b) Il doit prendre en compte les dimensions latentes de l'expression et ne pas s'intéresser qu'au contenu manifeste.

c) Rien de ce que dit l'interviewé ne doit à priori être jugé comme vrai ou faux. Aucun sujet ne doit sembler à priori non pertinent.

d) L'interviewer doit s'intéresser non seulement à ce que la personne a envie de dire, mais aussi à ses craintes et ses résistances à exprimer d'autres choses.

e) L'image que l'interviewer donne de lui-même, la relation interviewer-interviewé est un facteur déterminant de l'expression.

f) L'interviewer ne doit pas réagir et ne pas être influencé par les sentiments exprimés par l'interviewé.

Sans être très étayé sur un support théorique très lourd – si ce n'est que c'est la nature de l'interaction qui détermine l'expression des acteurs –, on va donc créer et appliquer un outil, définir une méthode de recueil de l'information, finalement de même nature que celles issues des réflexions des thérapeutes. Constat réconfortant sur l'utilité de la généralisation de l'utilisation de l'entretien non directif dans tout un ensemble de situations sociales, de l'intimité du cabinet thérapeutique au monde du travail industriel.

Chapitre 3

Les techniques de recueil d'information en situation interindividuelle

Nous distinguerons trois grands types de techniques de recueil d'information qui correspondent aux trois outils les plus couramment utilisés en situation interindividuelle : l'entretien non directif, l'entretien guidé et l'entretien directif dont la forme la plus élaborée – celle que nous présenterons ici – est le questionnaire. Ces trois techniques diffèrent sur un point fondamental : la part d'initiative laissée à l'interviewé. Chacune d'entre elles vise par ailleurs un objectif différent. L'expression de sentiments et de motivations pour l'entretien non directif, le repérage d'opinions et d'attitudes, voire de comportements pour le questionnaire. Ces trois techniques présentent un autre intérêt. Elles constituent à l'heure actuelle des outils dont les principes méthodologiques sont peu connus du grand public mais qui sont à l'origine des décisions ou de pratiques qui le concernent au plus haut point : des pratiques commerciales à partir des études de motivation réalisées par entretiens non directifs aux campagnes politiques friandes de questionnement de l'opinion publique par les sondages.

1. L'entretien non directif

1.1. La prééminence du climat sur la technique

Rappelons les principes de base de l'orientation non directive présentée dans le chapitre précédent. Fondamentalement la non-directivité repose sur l'instauration d'un climat particulier à quatre dimensions :

acceptation inconditionnelle de l'autre, neutralité bienveillante, authenticité et empathie. Et c'est ce climat qui est essentiel : la technique n'est qu'au service de ce climat et mieux vaut dans cette optique quelques erreurs techniques qu'un mauvais climat relationnel.

1.2. Le problème de la formulation du thème

• *Une formulation large.* Première question ou premier problème qui se pose dans les situations d'entretien non directif, car premier paradoxe. Je ne veux pas orienter le client, le canaliser mais j'ai néanmoins un thème à formuler, une question à poser, une demande. La réponse technique est simple, qui va permettre de tenter de limiter au maximum les risques d'induction.

Dans un entretien non directif, le thème sera toujours formulé de la manière la plus large, la plus vague, la plus générale possible.

Exemple : étude de motivation sur les fumeurs de Gauloises à partir d'entretiens non directifs. Le thème, bien entendu, ne peut être « Pouvez-vous me parler des Gauloises ? », thème beaucoup trop étroit et inducteur, ni même « Parlez-moi des cigarettes brunes » ou « des cigarettes ». La formulation non directive la mieux adaptée à cet exemple serait « Pouvez-vous me parler du tabac ? ». Thème effectivement très large et très vague mais qui va déboucher sur une deuxième difficulté.

• *La nécessité de refuser une limitation ou une précision du thème,* demande inévitable d'un interviewé confronté à un thème trop large : « De quoi voulez-vous que je vous parle plus précisément ? » Une réponse de l'interviewer à cette question constituerait une induction, une canalisation évidente. Dès lors, quelle solution adopter ?

Elle va consister à choisir une démarche qu'on va appliquer quasiment systématiquement durant tout l'entretien on va reformuler.

Autrement dit, « Je vous ai demandé de me parler du tabac et vous me dites le tabac c'est très large, vous aimeriez que je vous donne quelques précisions », voilà une reformulation. Je reformule ce que l'autre dit, je reformule le sentiment qu'il exprime.

Et s'il continue : « Le tabac, ça peut être les cigarettes, la pipe ? »

Je reformule encore : « Oui, le tabac, ça peut être les cigarettes, la pipe… »

Et c'est ainsi qu'avec des reformulations progressives, on essaie de faire en sorte que ce soit l'autre qui prenne en charge la question qu'on lui a posée, qu'il l'aborde comme il l'entend, en fonction de ce qu'il pense lui-même, de sa manière à lui de voir, d'organiser, de structurer le thème.

1.3. Les différents types d'interventions

La réitération ou reflet simple

La première intervention – et on va voir d'ailleurs qu'il y en a assez peu dans l'entretien non directif – c'est l'intervention de réitération. Elle consiste purement et simplement à renvoyer à l'autre ce qu'il vient d'exprimer, à répéter en quelque sorte. C'est le reflet simple. Cette intervention a pour but de manifester l'écoute, de recentrer l'autre sur son propre discours, éventuellement de l'amener à répondre lui-même aux questions, aux interrogations qu'il se pose.

Les interventions de reflet simple constituent une sorte de ponctuation dans l'entretien puisqu'elles permettent à l'autre de souffler et de prendre son temps. Ces interventions, contrairement à ce que l'on pourrait croire ou à une erreur fréquemment développée, ne sont pas les interventions majeures de l'entretien non directif. Si l'intervention de reflet simple est intéressante, elle doit être cependant utilisée avec prudence et en tout cas jamais de manière systématique.

En effet, l'utilisation du reflet simple, de la réitération systématique, a toutes les chances d'entraîner une dégradation du climat de la relation, dégradation liée à une perception d'une manipulation. Le mécanisme est simple : la personne dit quelque chose, vous lui renvoyez ce qu'elle vient de dire. La première fois, pas de problème, et elle continue. Elle s'arrête, vous répétez à nouveau ce qu'elle vient de dire. La deuxième fois ça peut encore passer. La troisième fois que vous répétez, elle va commencer à se poser des questions. La quatrième fois, elle s'arrête ou elle vous agresse. Cette intervention ne doit pas être utilisée systématiquement dans la mesure où elle apparaît rapidement comme un « truc », comme « une ficelle », et qu'elle gêne l'instauration d'un climat favorable.

La reformulation du sentiment

L'intervention de reformulation du sentiment est l'intervention majeure de l'entretien non directif mais aussi la plus difficile à réaliser. Elle consiste à reprendre ce que l'autre vient de dire (réitération) en y ajoutant le sentiment qui sous-tend ce qui vient d'être exprimé. On exprime ce qui est dit et l'implicite qui le sous-tend.

Un exemple de reformulation du sentiment à propos du démarrage de l'entretien : reprenons l'exemple du tabac ; l'autre nous dit : « Vous m'avez demandé de vous parler du tabac, est-ce que vous pouvez me dire plus précisément de quoi vous voulez que je vous parle ? »

Une intervention de réitération consisterait à répéter purement et simplement ce qu'il a dit. Pour la reformulation du sentiment, je vais faire la même chose, mais en y ajoutant le sentiment que l'autre exprime en même temps qu'il dit cela, c'est-à-dire qu'il est gêné, qu'il est un peu perdu, qu'il ne sait pas trop où aller.

« Je vous ai posé une question, je vous ai demandé de me parler du tabac, c'est un thème très large, je vois que vous êtes gêné, vous ne savez pas trop comment démarrer, et vous me demandez de préciser. »

Je réitère ce qu'il a dit et j'ajoute le sentiment qui est présent dans ce qu'il vient de dire. Il est bien évident que ce type d'intervention est une intervention difficile à faire car elle doit viser à reformuler le sentiment présent en évitant l'interprétation. Cette intervention suppose donc de la part de celui qui mène l'entretien, une disponibilité et une écoute qualitative extrêmement importante. Elle suppose ce que Rogers appelle l'empathie. La reformulation du sentiment suppose et repose sur l'empathie.

Compte tenu de cet état d'esprit et de leurs objectifs, les interventions de reformulation doivent répondre à quelques règles simples :

– elles doivent être centrées sur la personne du client, non sur le thème de l'entretien ;
– elles consistent à reformuler des sentiments et non pas des faits ;
– elles doivent être formulées de manière acceptable, c'est-à-dire dans une forme où le client puisse se reconnaître.

Pourquoi cette intervention de reformulation du sentiment est-elle l'intervention majeure de l'entretien non directif ? C'est parce qu'elle est, à l'heure actuelle, l'outil le plus performant pour amener l'expression et la verbalisation de sentiments et de motivations latents.

Le mécanisme de cet approfondissement par la reformulation peut être illustré par un schéma simple celui de l'iceberg.

On sait que le propre d'un iceberg, c'est que la partie visible n'existe que parce qu'elle est sous-tendue par une masse plus importante, qui elle, n'est pas perceptible.

De même, l'expression d'un individu est constituée par de l'explicite et de l'implicite, de l'immergé. Le discours d'un individu est une série de verbalisations explicites. L'intervention de réitération prend en compte directement et uniquement l'explicite, ce qui vient d'être dit (*cf.* figure 4).

Qu'est-ce que c'est qu'une intervention de reformulation du sentiment ? C'est une réitération – c'est-à-dire je reprends ce qui vient d'être dit – à laquelle on ajoute l'implicite immédiatement présent dans la situation. En reformulant l'explicite et l'implicite et en utilisant systématiquement ce type d'interventions, on va progressivement faire émerger dans l'explicite une part de plus en plus importante d'implicite. Et c'est là que réside l'intérêt de la reformulation du sentiment. C'est donc l'intervention que l'on va utiliser systématiquement dans l'entretien non directif.

Le soutien empathique

Ce sont toutes les interventions verbales et non verbales qui ponctuent l'entretien et qui manifestent la présence attentive de l'interviewer.

Elles correspondent à toutes les réactions émises spontanément quand on développe une attitude d'écoute face à un partenaire : ce sont les bruits, les onomatopées qui manifestent une présence.

Elles correspondent aussi à des interventions non verbales : elles se manifestent à travers des mimiques, des expressions gestuelles ou posturales.

Elles constituent pendant toute la phase de l'entretien des renforcements positifs pour l'expression de l'autre.

La signification générale de toutes ces interventions, c'est : « J'essaie de comprendre mais sans chercher à juger », « Je suis présent et je vous écoute ».

Les interventions de soutien emphatique – non verbales, ou para-verbales – témoignent que la réussite d'une communication résulte en grande partie des gestes, des postures et du regard adoptés dans la situation.

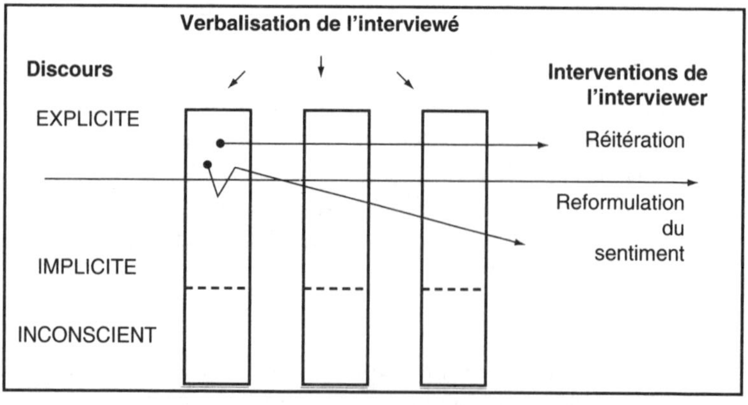

FIG. 4. Mécanisme d'action de la reformulation du sentiment

L'intervention de synthèse

C'est une reformulation organisée de l'ensemble de ce qui a été produit par l'interviewé. Les synthèses ont trois types de fonctions :

– *fonction contrôle* : elles permettent à l'interviewer de vérifier qu'il a bien compris et à l'autre de rectifier en cas d'erreur ;
– *fonction retour* : en verbalisant et en formulant à l'autre l'ensemble des points qu'il a exprimés, cela peut lui permettre de revenir sur un des points qu'il avait abordé mais sur lequel il avait encore autre chose à dire. On lui redonne l'occasion de repartir sur ce qu'il veut, par rapport à quelque chose qu'il avait déjà exprimé ;
– *fonction relance* : la formulation synthétique globale de ce qui a été dit facilite la prise de conscience d'oublis : c'est quand on renvoie la totalité de ce qui a été dit que les oublis ou les manques apparaissent les plus nettement.

Ces interventions de synthèse sont donc fondamentales. C'est d'ailleurs elles qui vont clôturer l'entretien. Tout entretien doit se terminer par une synthèse – qui permet d'ailleurs assez souvent d'entamer une nouvelle phase d'expression.

1.4. Les silences dans l'entretien

Les silences jouent un rôle fondamental dans la communication. Ils peuvent être de nature radicalement différente. On distingue deux types de silences les silences vides et les silences pleins :

– *le silence vide* correspond à la fois à l'arrêt de l'expression de l'autre et à l'arrêt de sa réflexion. Il s'agit donc bien d'un vrai silence. Et ce sont dans ces silences que vont et que doivent s'effectuer les interventions de l'interviewer ;
– *le silence plein* est un faux silence. Il correspond effectivement à un arrêt de l'expression, l'autre ne dit plus rien, et à une continuation d'une réflexion interne, c'est-à-dire à une activité de l'autre. Mais dans le silence plein l'autre est actif. Il réfléchit, il pense, il cherche. Les silences pleins sont l'outil indispensable à la réussite de l'entretien. En effet, ils sont nécessaires à l'approfondissement et à l'implication. On ne peut pas viser comme objectif que l'autre aille plus loin, qu'il exprime des sentiments profonds, sans lui en donner les moyens. Ces moyens étant de réfléchir, de chercher en lui-même, de prendre son temps… Les silences pleins sont donc nécessaires et indispensables et ne doivent en aucun cas être interrompus. Toute intervention de l'interviewer dans un silence plein est l'équivalent d'une coupure de parole.

C'est soit une agression, soit une manifestation d'incompréhension. Dans les deux cas la conséquence est une détérioration du climat.

Les silences pleins doivent être systématiquement respectés et c'est souvent par le respect et la qualité de ces silences pleins que se mesure la qualité d'un entretien.

L'écoute

Dans les conversations de la vie courante l'écoute n'est pas une pratique très répandue. Trop souvent chacun – surtout s'il est spectateur – est amené à constater que les propos sont peu articulés, que les réponses sont sans rapport avec les questions posées, que deux discours semblent cheminer parallèlement. Ce constat élémentaire amène à définir une des premières conditions de l'écoute : elle n'opère que si le praticien se prive paradoxalement de l'échange, accepte de ne pas livrer toutes ses pensées, associations, opinions, réactions, sentiments en réponse à ce qui vient d'être énoncé. L'écoute s'accomplit dans un renoncement à l'échange symétrique, ce qui n'implique d'ailleurs pas que les paroles énoncées tombent dans le vide, qu'elles restent sans écho. Abandonner la pratique de la conversation, de l'aller-retour constant d'un interlocuteur à l'autre oblige à une renonciation déterminante pour le praticien celle du plaisir de dire. Écouter oblige provisoirement à ne plus s'écouter. Cette apparente abdication trouve sa contrepartie dans les bénéfices d'un sujet. Chaque sujet, chaque être a une richesse singulière, une expérience spécifique à laquelle l'écoute permet progressivement d'accéder, la langue commune a ce pouvoir d'autoriser la rencontre avec « l'absolument étranger à soi » (Pujol, 1977).

Les premières difficultés de l'écoute tiennent d'abord aux réticences, aux résistances, au refus que suscitent en chacun l'étranger, le nouveau, l'étrange. Pour chaque sujet, pour chaque entretien, elles auront à être surmontées pour donner son attention à son client.

Cet investissement (au sens de l'économie financière et psychique) s'avérera rentable au sens où il peut permettre d'envisager, d'appréhender des situations, des positions dans un registre jusqu'alors inconnu. Quand j'écoute un patient, quand je parviens à une écoute aussi pleine que possible, il me semble que je me donne la possibilité d'apprendre des choses de la vie, de ma vie. Écouter amène à interroger sa propre expérience, dans le repérage, par exemple, d'une différence face à une épreuve semblable : naissance, séparation, décès, se situe l'espace d'une reprise ou même d'une analyse continuée de ses propres mouvements psychiques.

Pourtant l'appoint essentiel de l'écoute s'applique à la parole du sujet entrevu dans un entretien clinique. Son rôle de stimulation de la parole est déterminant. Plus un sujet se sait, se sent écouté, plus il est amené à dire, à se dire. Dans l'attente dont elle est l'objet, la parole s'approche de son objet. Le dire génère la pensée, donc accès à ce qui est, a été impensé, impensable. L'activation de la parole, grâce à l'écoute, tient au fait que les occasions d'être écouté tendent à se raréfier et la jouissance d'une retrouvaille est irremplaçable (de toute évidence, les techniques dites interactives et médiatiques ne sont pas prêtes de suppléer à l'écoute humaine d'un sujet par un autre sujet). Un sujet qui fait l'expérience de l'écoute y découvre une expérience si substantielle que le praticien en mettant un terme à l'entretien (aux premiers entretiens surtout) confronte à une certaine frustration.

> Le plaisir d'être reconnu, d'avoir le sentiment d'avoir en face de soi quelqu'un d'apte, déterminé à tenter de le faire amènera quasi inéluctablement le développement du discours du sujet. L'occasion de se reconnaître en s'adressant à un destinataire à l'écoute est également source du renforcement de la parole. Plus un sujet se découvre en se disant, plus il se dira.
> La nécessité de l'écoute est préalable, fondement de toute intervention.
>
> *Source* : d'après B. Jacobi, 1995, p. 83-84.

Dans l'entretien non directif – comme d'ailleurs dans toute situation d'écoute approfondie –, il est donc indispensable d'être capable d'accepter et d'assumer le silence de l'autre. Obligation difficile pour l'interviewer. Car le silence est générateur d'anxiété surtout dans une situation où l'objectif est l'expression. Mais c'est aussi dans les silences que se préparent les communications les plus authentiques.

Quant au problème du repérage, de la distinction entre un silence vide et un silence plein, c'est un problème mineur. Car un silence, comme une parole, cela s'écoute. Et si l'on écoute le silence de l'autre, si on l'observe, si l'on essaie de le comprendre, on peut facilement le décoder car, dans son silence, l'autre émet – toujours – tout un ensemble de signaux et d'indicateurs non verbaux qui permettent facilement de voir s'il réfléchit ou s'il attend votre intervention.

1.5. Les applications de l'entretien non directif

La thérapie

Réalisée à travers une série d'entretiens, l'attitude non directive du thérapeute permet au client de s'accepter progressivement lui-même tel qu'il est. Ne se sentant pas menacé il devient capable de se comprendre lui-même. Cette compréhension étant la première étape qui l'amènera à la solution de ses problèmes grâce à une réorganisation adéquate de sa personnalité. Parallèlement s'instaurera une transformation dans la manière dont il établit ses relations avec autrui : d'abord avec le thérapeute, puis avec les autres. La thérapie rogerienne repose « fondamentalement sur une bonne communication à l'intérieur de l'homme et entre les hommes ».

La psychologie commerciale

C'est l'un des outils de base des études de motivation, donc des démarches de marketing, mais aussi des actions de propagande ou de persuasion. Il vise à repérer les relations profondes qu'un individu entretient avec un objet, un produit, une idée.

La connaissance de l'opinion publique

L'entretien non directif est l'outil indispensable à la construction de questionnaires valides. Il est alors utilisé dans la phase cruciale de l'élaboration de l'outil : celle de la pré-enquête. Nous y reviendrons à propos du questionnaire.

La formation à l'écoute

Il constitue le support pédagogique optimum pour travailler et former à l'écoute, dans des formations qui concernent aussi bien les travailleurs sociaux que les managers des entreprises.

2. L'entretien guidé

C'est l'entretien guidé – ou entretien semi-directif – qui est le plus fréquemment utilisé sur le terrain, et ceci pour une raison relativement simple, c'est que dans l'entretien non directif on l'a dit, on pose comme principe et on accepte que l'autre ne s'exprime pas. Il se trouve que dans bon nombre d'enquêtes ou d'études, on a besoin d'avoir des informations sur un ensemble de thèmes. Et on ne peut pas prendre le risque d'utiliser une méthode – l'entretien non directif – qui finalement au bout du compte, aura permis à l'autre de s'exprimer profondément mais pas sur les questions, sur les thèmes sur lesquels on a besoin d'avoir des informations. C'est pour contourner cette difficulté qu'a été créée la technique de l'entretien guidé dont on va voir d'ailleurs qu'elle est très proche de l'entretien non directif, à la différence près qu'elle comprend cinq phases.

1) *L'élaboration d'un guide d'entretien*. Préalablement à l'entretien est établie une liste ordonnée des thèmes qui doivent nécessairement être abordés par l'interviewé. Le guide est établi en fonction des objectifs de l'enquête, des hypothèses, des résultats antérieurs, etc.

2) *Le démarrage de l'entretien* : phase non directive. Bien que disposant du guide, l'interviewer va d'abord réaliser un entretien non directif avec en particulier une formulation large et générale du thème. Cette phase est essentielle : elle permet de recueillir l'expression spontanée de l'interviewé sur le thème.

3) *Introduction du guide* : phase directive. Lorsque l'expression dans la phase non directive semble s'être épuisée, l'interviewer introduit directement le premier des thèmes du guide qui n'aura pas été abordé par le client. C'est donc une formulation directive d'un nouveau thème.

4) *Retour à l'attitude non directive.* L'exploration de ce nouveau thème sera opérée dans l'esprit non directif reformulations, synthèses.

5) *Introduction directive d'un nouveau thème puis exploration non directive.* Ici encore, c'est le premier thème du guide restant non abordé qui sera présenté puis approfondi par une attitude et une technique non directives.

On voit donc que l'entretien guidé est dans son esprit un entretien non directif ponctué d'introductions directives des thèmes que le client n'a pas abordé spontanément. Cette technique vise explicitement à tirer les bénéfices de l'approche centrée sur le client tout en garantissant l'étude de l'ensemble des questions intéressant l'interviewer.

Assez paradoxalement l'existence du guide ne facilite pas la conduite de ce type d'entretien – finalement beaucoup plus difficile à réussir qu'un entretien non directif. Car l'existence d'un guide – connu de l'interviewer – risque de freiner ou de perturber considérablement son type d'écoute en l'amenant inconsciemment à surévaluer les thèmes énoncés par le client et présents dans le guide. De même l'interviewer est-il tenté à la première difficulté qu'il rencontre dans l'entretien – difficulté de compréhension, difficulté à reformuler par exemple – à utiliser le guide pour résoudre ses propres problèmes dans la situation. Le guide peut donc freiner l'approfondissement.

Malgré ces difficultés, l'entretien guidé n'en reste pas moins l'outil de base du psychosociologue de terrain. Il a inspiré une autre technique d'entretien qu'on peut considérer comme l'une de ses variantes : l'entretien focalisé.

3. L'entretien focalisé

Il a été créé par Merton pour étudier les phénomènes de persuasion de masse : connaître par exemple les effets d'une campagne publicitaire ou de propagande sur le public. Fort peu utilisé en France pour des raisons incompréhensibles, il connaît depuis quelques années un regain d'intérêt en Europe où il est assez fréquemment utilisé dans des interviews de groupe visant l'étude de représentations sociales ou l'étude des impacts de campagnes d'informations concernant la prévention du sida.

Son principe est « d'explorer les réactions du sujet à une situation qu'il a vécue » (Maisonneuve).

• *La technique :*

1) Tous les sujets qui vont être interviewés ont vécu une même situation concrète ou expérimentale (par exemple, ils ont tous vu tel film).

2) L'interview, le moins directif possible, porte sur les réactions subjectives du client à cette situation vécue (exemple : « quelle impression vous a laissé ce film ? »).

3) Préalablement une analyse de la situation concrète vécue a été réalisée, définissant les traits principaux de cette situation. Les réactions à ces traits principaux doivent être étudiées. L'analyse de la situation fournit donc un « guide » de l'entretien.

4) On ne s'interdit pas de poser quelques questions précises.

• *Les applications possibles :*

1) Propagande : étude des réactions aux messages proposés, contrôle de leur impact sur le public.

2) Mise à jour des éléments majeurs de l'influence : effets du type d'argument ou du type de présentation.

3) Psychologie expérimentale : permet l'interprétation des comportements dans certaines situations par l'analyse des attitudes et sentiments ressentis.

4. Le questionnaire

C'est la forme la plus achevée de l'entretien directif ; tout y est prévu à l'avance : les thèmes abordés, la formulation des questions, l'ordre de ces questions et très souvent même les modalités de réponse. La part d'initiative de l'enquêteur est donc nulle, celle de l'enquêté réduite – c'est le cas de le dire – à sa plus simple expression. Contrairement aux techniques précédentes, c'est ici l'outil qui est essentiel. C'est la qualité de *l'outil* qui va déterminer la valeur des résultats obtenus. Et, contrairement à l'opinion couramment répandue dans le grand public, la construction d'un questionnaire n'est ni simple ni réalisable par un non-spécialiste.

L'élaboration d'un questionnaire doit être soumise à des règles méthodologiques strictes. La qualité d'un questionnaire sera directement déterminée par le respect de ces règles dans la phase essentielle : celle de la préparation.

4.1. Le rôle essentiel de la pré-enquête

Elle repose sur la réalisation d'une série d'entretiens, non directifs et guidés. Elle est réalisée auprès d'un échantillon peu important, non statistiquement représentatif, mais dans lequel figure chaque type de personne caractéristique de la population étudiée. Ces entretiens vont jouer un rôle essentiel. Ce sont eux qui vont permettre de déterminer l'ensemble des composantes du questionnaire : thèmes, formulation, ordre des questions. Sur ces entretiens seront opérés trois types d'analyse de contenu.

– *Une analyse thématique*. Elle vise à connaître le type de thèmes abordé par la population et permettre donc d'établir la liste des thèmes du questionnaire ce sont les thèmes issus de la pré-enquête qui déterminent les thèmes du questionnaire.

– *Une analyse structurale*. Elle consiste à mettre en évidence l'existence d'un ordre logique de l'expression de la population pour le thème abordé. C'est donc l'ordre des thèmes spontanément abordés dans les entretiens de pré-enquête qui détermineront l'ordre des thèmes dans le questionnaire.

– *Une analyse sémantique*. Elle vise à dégager le langage utilisé par la population concernée. C'est ce langage qui constituera la phraséologie utilisée dans le questionnaire et déterminera les mots utilisés dans la formulation des questions.

La pré-enquête aboutit donc à l'élaboration d'un outil qui se veut le plus proche possible du mode d'expression de la population concernée : c'est le préquestionnaire.

4.2. Le contrôle du préquestionnaire

Cette première version de l'outil doit ensuite être testée, également sur un échantillon restreint. L'objectif de ce contrôle est de réduire les artefacts de construction et de limiter les effets négatifs du questionnement tels que nous avons pu en voir certains à l'œuvre dans notre analyse des attitudes. Les principales opérations porteront donc sur les points suivants :

– contrôle des effets d'une mauvaise formulation : incompréhension, ambiguïté des termes, polysémie, présence de mots « chocs », etc. ;
– contrôle de la structure interne du questionnaire : effet d'ordre, effet de halo, questions contagieuses… ;
– contrôle de la dynamique discursive : longueur du questionnaire, durée…

Ces différents contrôles permettent l'élaboration du questionnaire final.

4.3. Le questionnaire final

Il devra donc obéir à un certain nombre de règles dont la première, rappelons-le, est l'adaptation à la population.

De plus, les termes utilisés doivent être simples et univoques simples, donc compréhensibles par tous et univoques, c'est-à-dire ne nécessitant aucune explication et ne permettant aucune interprétation. Il est bien évident que si un terme peut donner lieu à deux interprétations différentes, on ne saura jamais à quelles questions les interviewés ont répondu. D'où la nécessité d'un langage sans ambiguïté.

Les questions doivent également être brèves, en tout cas ne pas dépasser 18 à 20 mots. On s'efforce également de faciliter la démarche des interviewés. On prévoit par exemple pour cela une première phase dite d'échauffement qui va leur permettre de rentrer dans le questionnaire, de commencer à s'exprimer sans difficultés. Dans cette phase d'échauffement, on va poser des questions simples et non impliquantes. Les questions délicates ou susceptibles d'entraîner des blocages seront donc reportées à la fin du questionnaire. Pourquoi à la fin ? D'une part, parce que c'est le moment où l'autre s'est exprimé le plus et où il est donc dans une dynamique de l'expression et si, d'autre part, il y a un blocage à la dernière ou avant-dernière question, le questionnaire déjà rempli jusque-là reste utilisable. De même, on ménagera dans le questionnaire, ce qu'on appelle des « aires de repos ». Ce sont quelques questions faciles, qui permettent à l'autre de souffler. C'est toute une dynamique de la communication que l'on doit prévoir, dans la mesure où, à partir du moment où le questionnaire est fait, il ne peut plus être modifié et que tous les enquêteurs sont tenus à appliquer strictement un principe unique de fonctionnement.

Enfin, on peut prévoir des contrôles de l'authenticité des réponses. Le contrôle s'effectue à travers ce qu'on appelle des formes parallèles : on va retrouver à des moments différents de l'entretien, la même question présentée sous une autre forme permettant le calcul d'indices d'authenticité.

4.4. Les différents types de questions utilisables

Questions fermées

Leur type de réponse est fixé à l'avance (oui/non ; d'accord/pas d'accord). Elles sont utiles pour obtenir des caractéristiques objectives, pour connaître des comportements ou des opinions.

Questions préformées

Il s'agit de questions à choix multiples : un éventail de réponses possibles est offert à l'interviewé. Comme les questions fermées, elles ont une vocation descriptive de comportements ou d'opinions. Par contre elles présentent un risque de biais important, celui de suggérer une réponse en la proposant comme alternative. « C'est vrai, dit l'interviewé, je n'y avais pas pensé mais je choisis cette réponse ! »

Les échelles d'attitude

Elles consistent à proposer une série de comportements ou d'opinions dont on a contrôlé qu'ils s'ordonnaient sur un axe illustrant le degré d'adhésion à l'attitude. L'exemple le plus célèbre reste l'échelle de distance sociale concernant le racisme proposée par Bogardus (1925), permettant de situer les interviewés sur l'axe non raciste/raciste :

Admettriez-vous qu'un Noir soit :

- votre proche parent par alliance ;
- votre ami ;
- votre voisin ;
- votre collègue de travail ;
- citoyen de votre pays ;
- touriste dans votre pays ;
- interdit de séjour de votre pays.

Questions ouvertes

Elles laissent l'interviewé libre de répondre comme il l'entend. Sous réserve d'une formulation correcte, elles réduisent les risques de biais, elles permettent surtout l'émission de positions nuancées. Elles sont par contre beaucoup plus longues à dépouiller et délicates à analyser.

Ces quatre types de questions constituent la base des outils disponibles dans le questionnement, mais il existe de multiples variantes, comme de multiples règles de choix de ces questions, de modulation de leur formulation, de couplage entre questions, etc. Notre objectif n'est pas ici d'initier à la construction d'un questionnaire, mais d'en montrer les grands principes en insistant sur le fait que cette technique est complexe et qu'elle offre un éventail considérable de possibilités.

5. Relations entre situation de recueil et type d'information recueillie

En situation de communication interindividuelle peut être énoncée une règle générale : il existe une relation directe entre la structuration de la situation de communication et le type d'information recueillie.

Plus précisément :

– plus la situation de recueil est structurée – c'est-à-dire plus l'on sera directif – plus les informations obtenues concerneront des faits et des comportements ;

– moins la situation est structurée – plus on utilise une relation centrée sur l'autre c'est-à-dire non directive – plus les informations obtenues porteront sur des sentiments et des motivations.

La structuration de la situation engendre le descriptif, l'événementiel, le superficiel. Sa non-structuration provoque l'explicatif, le processuel, le profond. Ce constat permet de conclure qu'il n'existe pas de méthode de recueil d'information, de situation de communication optimale. *Il existe par contre pour chaque objectif une méthode et une situation adéquates.* Si je veux savoir ce que les gens font, ce qu'ils possèdent, l'outil le plus performant est le questionnaire et la directivité est nécessaire. En revanche, si ce qui m'intéresse c'est de savoir pourquoi ils adoptent tel comportement ou défendent telle opinion, alors l'outil le plus performant est l'entretien non directif.

Les questions dans une interview

QUELQUES TYPES DE QUESTIONS

Questions fermées

Elles risquent de n'obtenir que des réponses sans développement.

Q. : « Êtes-vous d'accord ? »

R. : « Oui, non, peut-être… »

Questions ouvertes

Elles obtiennent des réponses plus explicatives et développées.

Q. : « Pourquoi ? Comment ? »

R. : « Parce que je pense que…, en faisant une démarche qui… »

Questions alternatives

Elles donnent un choix, ce choix est dirigé puisqu'il ne propose que deux possibilités. Ce type de question entre dans les sondages directifs et les recadrages.

Q. : « Préférez-vous que nous prenions rendez-vous lundi ou mardi ? »

Questions relais

Elles renvoient à une autre personne que celle qui a posé la question. Elles font participer l'autre.

Q. : « Un tel, comment répondriez-vous à cette question ? »

Questions miroirs

Elles renvoient à l'envoyeur ou au groupe. Elles évitent la réponse. Cette forme de manipulation est souvent repérable.

Q. : « Et vous-même, qu'en pensez-vous ? »

Questions échos
Elles réitèrent une partie de la question et la renvoient. Bien utilisées, elles fonctionnent parfaitement pour que l'autre s'exprime sur sa propre question.
Q. : « Je crois que cela est impossible. »
R. : « Impossible ? »

Source : D'après J.-C. Martin, *Le guide la communication*, 1999, Marabout, p. 169.

Ainsi donc peut-on définir deux grands types de situation de communication en fonction de leur degré de structuration (*cf.* encadré ci-dessous).

– Les situations de recueil très structurées, dont l'outil le plus représentatif est le questionnaire et qui sont adéquates pour recueillir faits, comportements et opinions. À ces situations correspondent ce que nous appellerons les enquêtes psychosociologiques, dont les caractéristiques essentielles sont d'être descriptives, de permettre une quantification – sous réserve d'échantillonnage représentatif – et d'être extensives c'est-à-dire susceptibles d'être réalisées auprès de populations de taille très importante. L'exemple le plus typique en est le sondage d'opinion.

Relations entre structuration de la situation de recueil et information recueillie

Situation de recueil	Très structurée	Partiellement structurée		Non structurée
		+	–	
Type d'information recueilli	Faits Comportements Opinions			Sentiments Motivations Représentations
Outils	Questionnaire	Questionnaires à questions ouvertes	Entretien guidé	Entretien non directif
Type de démarche	Enquêtes psychosociologiques ↓ Extensives Quantitatives Descriptives	←	→	Études psychosociologiques ↓ Intensives Qualitatives Explicatives

– Les situations de recueil non structurées dont l'outil est l'entretien non directif et qui sont adéquates pour recueillir sentiments, motivations et représentations. À ce type de situation correspondent les démarches mises en œuvre dans les études psychosociologiques et dont la finalité est d'être explicative grâce à une approche qualitative et intensive – fondée sur une analyse en profondeur d'un nombre restreint et statistiquement non représentatif d'interviewés.

C'est-à-dire qu'au lieu de porter sur une population de taille importante, ces études vont utiliser des échantillons très restreints. Il faut savoir que la plupart des études psychosociologiques, qui ont néanmoins vocation de généralisation, reposent sur la réalisation de 40 à 60 interviews. Et c'est à partir de ces 40-60 interviews qu'on arrive à déterminer les processus comportementaux et motivationnels de l'ensemble d'une population.

– Entre ces deux pôles techniques extrêmes prennent place des outils dont la structuration est plus ou moins forte questionnaire à questions ouvertes et entretiens guidés par exemple.

Ainsi donc la structuration de la situation de communication est un élément essentiel à prendre en compte car elle correspond à des types d'approche très différents de la réalité sociale. Loin de s'exclure, ces approches sont nécessairement complémentaires. L'analyse d'une situation sociale, quelle qu'elle soit, impose cette double contrainte : connaître les mécanismes et les processus motivationnels qui régissent les acteurs sociaux, savoir comment ces mécanismes se répartissent dans l'ensemble de la population concernée.

Chapitre 4

La dimension non verbale de la communication

Nous avons, jusqu'à présent, abordé la communication à travers son expression orale, fondée sur le langage et les mots utilisés. Cependant, l'on sait, depuis Aristote, que toute communication est plurimodale et multicanaux. La communication déborde donc largement le seul système verbal. Lors d'une interaction chaque acteur émet et reçoit un énoncé total et hétérogène résultant de la combinaison de tous les éléments du champ situationnel. Des éléments verbaux (le langage), acoustiques (l'intonation de la voix, par exemple), physiques (l'organisation de l'espace), visuels (les gestes et les mimiques), voire olfactifs. Et c'est de cet ensemble d'éléments que naît la signification : « Ce n'est que dans un contexte d'ensemble des systèmes de signes, lui-même intégré dans un contexte d'interactions, que le sens pourra se former » (Argentin, 1989, p. 177). C'est ainsi, par exemple, comme le signale Georget (2004, p. 249), « qu'un geste ne peut être catégorisé en lui-même, car tout dépend du contenu discursif qui l'accompagne. Les gestes ne constituent pas un sous-système de signes à part du système de communication, ils en sont partie intégrante ». C'est l'une des difficultés de l'étude de la communication non verbale : un indicateur non verbal ne peut être interprété que par rapport au contexte spécifique dans lequel il apparaît. La seconde difficulté résulte du fait que le langage non verbal est très fortement dépendant du système culturel dans lequel il se développe.

En effet, si les modes fondamentaux des expressions émotives sont universels (« le rire » dans la joie, « les pleurs » dans la tristesse, par exemple), leur mise en œuvre est très fortement socialisée. Cette socialisation se réalise à travers deux processus sociaux essentiels :

1) Chaque société, voire même chaque groupe social valorise ou inhibe l'expression de certains sentiments, de certains gestes, de certaines mimiques. Chacun sait, depuis les célèbres travaux de Janet, que, par exemple, la conduite de deuil varie considérablement d'une culture à une autre. L'influence de la société sera d'ailleurs d'autant plus importante que l'émotion ou le sentiment exprimé ont un caractère plus social. La douleur morale est plus socialisée que la colère et celle-ci plus que la peur.

2) Chaque société se dote d'un certain langage mimique qui complète ou remplace l'expression verbale. La compréhension de l'interprétation de ce langage suppose donc une connaissance du groupe considéré et de son code. « Afin de comprendre le comportement d'un peuple nous devons connaître non seulement son langage parlé, mais aussi le langage de son expression physique » (Klineberg, 1963).

1. Les fonctions de la communication non verbale

Les difficultés méthodologiques du recueil de l'expression non verbale et ses significations variées selon le contexte immédiat ou culturel expliquent que malgré son rôle central elle n'est pas un thème dominant de la recherche scientifique en psychologie et qu'elle donne lieu à des analyses et des résultats souvent difficiles à généraliser. Cependant, et grâce aux travaux de Ekman et Friesen (1969) et Von Cranach (1973), on peut s'accorder pour reconnaître trois fonctions à la communication non verbale.

1.1. Fonction d'information sur l'émetteur

C'est la principale fonction du comportement non verbal ; il permet d'appréhender directement l'état émotionnel de l'émetteur mais aussi son attitude par rapport au récepteur et à la situation.

Donc le non-verbal donne à la fois :

– des informations sur le vécu effectif de l'émetteur en situation ;

– mais également des informations sur l'image de lui-même que veut donner l'émetteur : le comportement non verbal d'un individu lui permet en effet, d'offrir à l'autre les éléments constitutifs de la représentation. Le non verbal constitue souvent le premier support à partir duquel on se fait une image de l'Autre. Par exemple, et avant même toute communication verbale, la posture, la mimique de l'autre me permettent, d'emblée, d'avoir une idée sur ce que cet autre semble être, sur ce qu'il veut paraître, et sur le type de relation qu'il est prêt à engager avec moi.

Dans la mesure où le comportement non verbal peut résulter soit de phénomènes inconscients ou incontrôlés, soit, au contraire, d'une volonté délibérée, il informe tout aussi bien sur l'être que sur le paraître.

1.2. Fonction d'étaiement du langage

Les comportements non verbaux qui accompagnent le langage (mouvement des yeux, gestes, mimiques) jouent deux rôles fondamentaux :

– ils ponctuent, renforcent, confirment l'émission orale ;
– ils permettent à un certain nombre d'informations utiles ou nécessaires à la communication de passer directement : la direction du regard, par exemple, ou les mouvements des yeux, indiquent immédiatement et sans support linguistique à qui le message s'adresse.

Les comportements non verbaux servent de régulateurs à l'interaction entre émetteur et récepteur ; ils sont souvent les éléments essentiels du feed-back nécessaire à l'efficacité de la communication.

1.3. Fonction quasi linguistique

Certains comportements non verbaux ont une correspondance directe avec le langage parlé. On peut dire, par exemple, aussi bien *« oui »* que manifester ce *« oui »* par un comportement non verbal. Ces gestes dont la signification peut se traduire par des mots, correspondent aux « emblèmes ». On peut distinguer deux types de lexiques emblématiques :

– les lexiques emblématiques en quelque sorte « naturels » (mouvements spontanés, par exemple), dont la signification peut varier en fonction de l'environnement culturel (cf. le mouvement de la tête pour dire « oui » ou « non ») ;
– les langages emblématiques *construits,* ou *artificiels,* comme le langage des sourds et muets.

Dans les deux cas la fonction est très proche de celle du langage parlé.

2. Spécificité du langage non verbal

Puisque nous venons de voir avec les lexiques ou le langage emblématique que nous sommes très proches de la communication verbale, voyons maintenant ce qui fait la spécificité de la communication non verbale.

D'abord, et sauf dans le cas de communication sonore ou olfactive (car il existe une communication olfactive dont je n'ai pas parlé parce que jouant très peu dans la communication humaine) le propre de la communication non verbale est qu'elle suppose une *unité de lieu* et une *unité de temps* entre émetteur et récepteur.

2.1. Unité de lieu

En tant que telle la communication non verbale nécessite la présence simultanée de l'émetteur et du récepteur.

2.2. Unité de temps

La communication non verbale est immédiate, elle meurt dans l'instant faute de disposer d'un système de mémorisation et de conservation comme il existe pour le langage. L'avantage des mots précisément, c'est d'être indépendants du lieu et du temps.

Ensuite la communication non verbale est un support privilégié pour l'expression des émotions et des sentiments, en ce sens que le registre sur lequel elle joue est plus spontané, moins codifié, plus complexe que le langage lui-même. Les signaux non verbaux permettent de traduire et de percevoir l'intensité affective du message. Nécessairement moins contrôlé, le non-verbal est une source d'informations précieuse dans l'interaction. Certains gestes, certaines réactions mimiques véhiculent l'implicite et le non-dit. Ils témoignent plus de la réalité de l'être. À tel point d'ailleurs, que, comme le montre Cosnier (1977), lorsqu'apparaissent, dans une interaction, des discordances, voire des contradictions entre ce qui est dit (l'indice verbal) et les gestes ou expressions qui l'accompagnent (l'indice visuel), ce sont ces derniers qui provoquent les impressions dominantes. Les travaux de Mehrabian (1971) sont particulièrement éclairants sur cet aspect du non-verbal. Étudiant expérimentalement les facteurs déterminant la sympathie entre des interlocuteurs, il a pu mettre en évidence les facteurs qui rendent quelqu'un sympathique lorsqu'il s'exprime. Le jugement positif global sur l'autre dépend :

– pour 7 % du sens des mots (appréciation verbale positive) ;

– pour 38 % de la manière dont ils sont exprimés (appréciation vocale positive) ;

– pour 58 % de l'expression kinésique et des mimiques (appréciation kinésique positive).

On comprend une fois de plus le rôle essentiel de l'observation dans le contrôle d'une interaction. Écouter l'autre et le comprendre c'est à la fois entendre ce qu'il dit et observer et décoder les signes non verbaux qui accompagnent cette expression.

La présentation des facteurs non verbaux de la communication nécessiterait à elle seule un ouvrage entier. Nous avons donc choisi de ne présenter ici que les composantes de la dimension non verbale qui nous semblent essentielles dans les situations de communication, à savoir : le visage et les mimiques, les gestes, et le type d'espace dans lequel se déroule l'interaction.

3. Le rôle du visage et des mimiques

Dans toute interaction directe, la perception du visage de l'autre est immédiate et souvent essentielle dans le décodage de sa motivation à communiquer. L'expression du visage est donc un élément clé dans les relations, même chez certains animaux. Izard (1971), par exemple, montre que si l'on sectionne chez un singe rhésus les muscles commandant l'expression de son visage, l'absence d'expression qui en découle a des conséquences considérables : relégation au bas de l'échelle sociale par les autres singes, augmentation significative des agressions envers lui.

Deux indicateurs, le regard et le sourire, sont particulièrement importants dans l'interaction humaine.

3.1. Le regard

Regarder l'Autre c'est montrer que l'on s'intéresse à lui, c'est aussi une façon de s'impliquer et de personnaliser la relation. En situation d'interaction le non-échange de regard est source de perturbation. Si je veux échanger je regarde l'autre et le fait qu'un partenaire d'interaction ne nous regarde pas génère une profonde gêne et freine ou interdit l'implication. Communiquer c'est d'abord regarder. Confirmant cela, Cook (1984) a montré que, dans notre culture, plus une personne regarde une autre, plus cette dernière éprouve le sentiment d'être appréciée.

Bien entendu il existe de multiples façons de regarder, chacune ayant une signification spécifique : s'il y a des « regards qui tuent », d'autres qui se moquent, d'autres, enfin, qui témoignent de l'écoute et de la centration sur l'Autre, il y a donc des regards facilitateurs, comme des regards perturbateurs. L'importance et les conséquences du regard sont affectées par trois types de variables : culturelles, sociales et situationnelles.

– *Selon les cultures* : le regard est plus ou moins accepté, il peut même, dans certains cas, être vécu comme une agression, voire une menace pour son intégrité physique.

– *Selon le statut social* : Exline (1971) a pu montrer que, dans une situation d'interaction hiérarchisée, le sujet dominé regarde plus son supérieur quand il l'écoute que lorsqu'il lui parle. Inversement, le sujet de statut social supérieur a tendance à regarder plus quand il parle que quand il écoute.

– *Selon la situation* : dans les situations claires le regard aide à la communication et facilite la relation. Par contre, si la situation est ambiguë (quelle qu'en soit la raison), le regard provoque alors de la gêne ou de la fuite (cf. Ellsworth et Ludwig, 1972).

3.2. Le sourire

Nous avons posé que la qualité d'une communication reposait fondamentalement sur la qualité du climat relationnel. Dans une interaction le sourire est l'un des éléments clé – voire le plus important – de ce climat. Il est une composante essentielle de l'écoute active. Il témoigne, en effet, d'une volonté d'échange et d'une acceptation de l'Autre. Il a, par ailleurs, une caractéristique intéressante : il est souvent contagieux. Si le rire est expression, le sourire, lui, est communication. Nous parlons, ici, bien entendu du « vrai » sourire, et non des rictus ou des multitudes de sourires « négatifs ».

4. Les postures et les gestes dans la communication

4.1. Les postures

Nous appelons « posture » la position et l'orientation du corps durant l'interaction. C'est une modalité de l'expression kinésique, c'est-à-dire du langage du corps. Chaque élément kinésique peut être considéré comme indicateur d'un état affectif, d'une motivation, du type de relation sociale existant entre les interlocuteurs. H. Wallon (1960) considérait d'ailleurs la posture comme le vecteur primordial de la fonction d'expression.

Depuis W. James (cité par Corraze, 1980), la plupart des auteurs s'accordent pour définir quatre postures fondamentales, liées chacune à une attitude spécifique, déterminant ou révélant le type de relation que celui qui parle cherche à établir consciemment ou non, avec son interlocuteur.

– *Posture en expansion* : la tête, le tronc et les épaules sont en extension. Elle manifeste (ou est perçue) comme une attitude de domination ou de mépris de l'Autre.

– *Posture de rejet* : le corps (en particulier la tête et le buste) se détourne d'autrui, ne lui fait plus face. Elle est associée à une attitude de refus de l'Autre ou de crainte de la relation.

– *Posture de contraction* : tête fléchie sur le tronc, épaules tombantes, c'est l'indicateur d'une attitude de soumission ou d'abattement et de renoncement à la relation.

Chacune de ces trois postures est donc un obstacle à une communication authentique, elle génère des mécanismes de défense, de blocage ou de démotivation à l'expression.

– *Posture d'approche* : buste et tête inclinés vers l'autre, bras et mains ouverts, c'est la posture de l'attitude d'accueil, d'écoute, de centration sur l'autre. Contrairement aux trois postures précédentes, elle est un élément déterminant d'un climat relationnel positif. C'est la posture dominante de l'écoute active.

La posture est un indicateur des motivations et attitudes de celui qui la développe. Dès lors tout changement de posture d'un locuteur lors d'une interaction a une signification : elle témoigne de l'évolution et de la transformation de ses attitudes, de sa relation à l'autre. Elle constitue, pour l'observateur, une information essentielle sur la personne concernée.

4.2. Les gestes

Ils sont déterminés par cinq grands facteurs (Martin, 1999) : nos racines (notre histoire personnelle), notre culture, notre statut social, notre état psychique et le contexte dans lequel ils apparaissent. Comme les postures, ils sont un indicateur de l'état des locuteurs, de ses motivations et du type de relation qu'il entend établir. Échappant souvent au contrôle, ils donnent à un observateur averti de précieuses indications sur le vécu et les attitudes réelles de celui qui s'exprime, ils sont une façon d'appréhender le non-dit. Ils disent souvent la vérité, masquée ou contrôlée dans le langage verbal. À la réserve près que leur interprétation nécessite une certaine prudence, puisque comme nous l'avons dit, la signification d'un geste dépend largement du contexte socioculturel dans lequel se déroule l'interaction.

Essentiels dans la communication, ils peuvent aussi bien faciliter et renforcer l'expression que perturber l'échange et la relation. On peut donc distinguer deux grandes catégories de gestes comme le souligne Martin (1999, p. 95) :

Les gestes « négatifs »

À éviter dans un objectif de communication. Ils hypothèquent le passage et la compréhension du message. Il s'agit :

– *Des gestes bas* : Tous les gestes dirigés vers le bas véhiculent des significations ou des affects négatifs.

– *Des gestes centrés sur soi* : Manifestant une absence d'intérêt pour l'Autre, ils sont des indicateurs d'une relation égocentrée.

– *Des gestes « barrières »* (par exemple les mains devant soi, les paumes tournées vers l'Autre) qui manifestent le refus ou la frontière à ne pas franchir.

– *Des gestes parasites* : Sans rapport ou en décalage avec le message, ils témoignent de difficultés rencontrées par l'émetteur (stress, fatigue) ou d'une agressivité latente.

Les gestes positifs

Ce sont ceux qui facilitent la communication en l'illustrant, la ponctuant, la renforçant. Ils sont essentiels à la création d'un climat facilitateur de l'expression de l'émetteur et de la compréhension ou de l'adhésion du récepteur.

– *Les gestes ouverts* : synonymes d'accueil, de volonté d'échange. Ils sont associés à la franchise et à la bienveillance. Ils se concrétisent souvent par des gestes ronds, gestes qui rassurent et témoignent d'une certaine douceur.

– *Les gestes extravertis* : ils vont vers les autres sans agressivité. Ils témoignent d'une volonté de contact et de rapprochement.

– *Les gestes de ponctuation* qui scandent et rythment l'expression. Ils manifestent l'écoute (par exemple le mouvement de tête de haut en bas) ou la volonté de persuader.

– *Les gestes révélateurs* : ils sont, en général, incontrôlés, ils correspondent aux « gestes qui dénoncent » et révèlent l'état psychique ou les pensées réelles de leur auteur. On en distingue deux types :

1) Les auto-contacts : gestes centrés sur soi (grattage de la tête, contacts mains/visage, par exemple), ils témoignent des difficultés du locuteur dans la situation. Ils sont, en quelque sorte, une activité de libération du stress ou une manifestation de difficultés cognitives. Ils rassurent et aident celui qui les produit mais ils sont aussi un indicateur précieux de son état émotionnel. Les auto-contacts sont d'ailleurs l'un des indicateurs les plus fiables du mensonge. Le nombre d'auto-contacts augmente significativement chez celui qui ment (cf. Abric, 1992).

2) Les gestes de dérivation : il s'agit, par exemple, de ces gestes consistant à prendre ou tourner un objet (stylo, lunettes, feuille de papier), dans sa main. Ils manifestent une tension interne et visent à réduire le stress, à « se donner une contenance ».

5. Rôle de l'espace et des distances

L'organisation concrète de l'espace dans lequel se déroule l'interaction comme la distance séparant les différents locuteurs joue un rôle essentiel dans la communication. On transmet des messages non seulement par les mots, mais aussi par le biais de l'espace et des distances. L'organisation de l'espace véhicule une signification sociale et indique le type de relation recherchée. Elle est déterminée par un ensemble de facteurs (cf. De Vito, 1993, p. 117) :

> « *La position sociale* : Les gens se tiennent plus près les uns des autres lorsqu'ils sont d'un même rang. Lorsque deux personnes occupent une position sociale différente, celles dont le rang est le plus élevé peut s'approcher davantage de l'autre que ne peut le faire son interlocuteur.
> *La culture* : Par rapport aux gens du sud de l'Europe et du Moyen-Orient, les Canadiens se tiennent relativement loin les uns des autres lorsqu'ils conversent. Les Arabes, par exemple, se placent beaucoup plus près de leur interlocuteur que les Canadiens. Les Italiens et les Espagnols maintiennent également une distance plus courte entre eux et toute personne avec laquelle ils interagissent que ne le font plusieurs Européens du Nord.
> *Le contexte* : Plus l'endroit où on se trouve est vaste, plus la distance interpersonnelle diminue. La distance séparant deux personnes sera donc plus faible dans une grande salle que dans une petite pièce.
> *Le sujet traité* : On se tient près d'une personne avec qui on parle de choses intimes ou à qui on révèle un secret. Par contre, lorsque l'on traite de questions impersonnelles et générales, on s'en éloigne davantage. Il est, en outre, probable qu'un individu se tiendra plus près d'une personne si elle le félicite plutôt que si elle lui adresse des reproches.
> *Le sexe et l'âge* : Les femmes se rapprochent davantage les unes des autres que ne le font les hommes. Ce sont les interlocuteurs de sexe opposé qui maintiennent le plus de distance entre eux. Les enfants se tiennent plus près les uns des autres que les adultes, ce qui démontre que le respect d'une certaine distance relève d'un comportement acquis.

L'évaluation positive et négative : On se tient plus loin de ses ennemis que de ses amis et des individus en position d'autorité ainsi que des personnes d'un rang plus élevé que de ses pairs. De même, on s'approche moins des personnes que l'on évalue peut-être inconsciemment de façon négative. »

E. T. Hall (1971) a créé le terme de « proxémique » pour qualifier tout ce qui concerne la relation entre espace et interaction. Appliquée à notre culture, la proxémie pose que toute relation peut se développer dans quatre zones distinctes :

– la zone intime correspondant approximativement à la distance de l'avant-bras (50 cm) : sorte de bulle qui entoure l'individu et le protège. Sauf situations spécifiques (relation amoureuse, confidence), l'intrusion de l'autre dans mon espace intime est source de gêne ou de malaise (très perceptible, par exemple, dans la confrontation non voulue des espaces intimes dans les ascenseurs) ;
– la zone personnelle (distance du bras tendu : de 70 à 1,20 m). C'est la zone de l'échange personnalisé, de la rencontre entre deux personnes proches ;
– la zone sociale (de 1,20 à 2,40 m) permet un échange direct et personnalisé, mais à une distance qui préserve l'intimité. C'est la zone de l'échange peu impliqué, de la rencontre entre deux personnes ne se connaissant pas, de l'interview ;
– la zone publique (au-delà de 2,40 m) dans laquelle toute communication est perceptible et partagée par les personnes présentes. La relation est moins directe et naturelle. Rarement utilisée à deux c'est la zone de l'échange en groupe ou face à un public.

La proxémique permet de souligner un point important du processus de communication : *à chaque espace correspond un type de communication adapté.* La réussite d'une communication dépend du choix d'un espace approprié à l'objectif et à la nature de la communication. À chaque type de message correspond une distance optimale. Cette distance doit varier en fonction de l'évolution de la communication, soulignant ainsi l'importance du mouvement dans la qualité d'une interaction et ceci particulièrement dans les situations d'animation de groupe. En jouant sur la distance (se rapprocher, s'éloigner), on intervient directement dans la facilitation de l'expression et de l'échange.

6. L'importance du non-verbal dans la communication

La prise en compte de la dimension non verbale de la communication permet de souligner un point essentiel : la qualité d'une communication dépend à la fois de ce que je dis et de la manière dont je le dis. La préparation d'une communication et la qualité de l'interaction nécessitent un travail à la fois sur le fond et sur la forme du message. Tous les spécialistes de la communication s'accordent sur un constat malheureusement peu attractif : 70 % du message passe par le relationnel, c'est-à-dire la forme et les indicateurs non verbaux ; 30 % seulement par le contenu du message.

Deuxième partie

La communication dans les groupes

Chapitre 5

Communication et processus de groupe

On pourrait définir simplement le groupe comme un ensemble de personnes interdépendantes et ce critère semble bien en effet l'élément fondateur de toute réalité groupale. Il nous semble cependant trop large pour définir l'objet sur lequel travaille la psychologie sociale : le groupe *restreint.* Car le groupe qui va nous intéresser est celui où les individus peuvent effectivement interagir, communiquer, se percevoir directement et dont la taille sera nécessairement réduite. Si l'on excepte De Visscher (1991) qui fixe la taille minimale du groupe à cinq, la plupart des auteurs s'entendent pour considérer qu'un groupe restreint comprend de trois à quatre personnes jusqu'à vingt-cinq.

Nous appelons groupe restreint un ensemble de personnes ayant la possibilité de se percevoir et d'interagir directement et participant à une activité commune grâce à un système de règles et de normes formelles ou informelles.

De Visscher (1991) définit sept caractéristiques « inévitables » pour qui veut qualifier un agglomérat de personnes « groupe restreint » :

1) une unité de temps et de lieu supposant une relative proximité et une distance interindividuelle minimale ;

2) une raison d'être et de rester ensemble ;

3) un sort relativement commun ;

4) la possibilité d'une perception et d'une représentation de chacun des membres l'un par l'autre ;

5) la perception d'une certaine « groupalité » perçue par les membres et/ou des personnes extérieures ;

6) la possibilité d'interaction et de communication effectives, verbales ou non verbales ;

7) une durée suffisante pour qu'il soit possible qu'éventuellement un processus d'institutionnalisation s'engage.

L'étude des groupes restreints a donné lieu à un nombre considérable de travaux en psychologie sociale. De Bethel à Esalen, elle a généré des expériences multiples, engendré des méthodes de groupe de toute nature – où se côtoient aussi bien les recherches à visée scientifique que les interventions mégalomaniaques de gourous en mal de disciples. Le courant de la dynamique de groupe élaboré par Kurt Lewin a produit certaines des expériences les plus célèbres et les plus importantes de la psychologie sociale. L'approche lewinienne et l'approche clinique constituent à des degrés divers, selon leurs orientations ou leurs objectifs, le fondement de la pratique d'un très grand nombre de formateurs ou de responsables dont le groupe est l'instrument ou le lieu de travail. Car ces deux approches restent à l'heure actuelle les références essentielles de l'étude et de l'intervention sur les groupes, comme en témoigne Anzieu (1981, p. 161), cité par De Visscher : « Nous ne connaissons à l'heure actuelle que deux systèmes de références conceptuelles permettant de travailler de façon cohérente dans les groupes de formation ; l'un s'est constitué à partir de Kurt Lewin, l'autre à partir de la psychanalyse. Aucun d'eux n'est achevé : la pratique et la recherche continuent de les enrichir… On peut effectuer un travail solide de formation en s'appuyant sur l'un ou sur l'autre mais à condition de le faire avec cohérence. »

Nous présenterons donc chacun de ces deux courants, mais dirons néanmoins quelques mots d'une troisième orientation théorique qui, sans avoir joué le rôle des deux précédentes, présente néanmoins à notre avis quelque intérêt : le courant interactionniste.

1. Le courant dynamique : l'apport de Kurt Lewin

Le système théorique élaboré par Kurt Lewin à propos du fonctionnement psychologique individuel et dont nous avons parlé dans notre premier chapitre, allait s'avérer d'une richesse exceptionnelle pour comprendre les processus de groupe. Ils constituent un progrès décisif, un renversement fondamental par rapport à l'approche traditionnelle des groupes telle qu'elle existait dans les années trente.

Deux idées de base fondent l'approche lewinienne :

1) le comportement d'un individu ou d'un groupe est toujours déterminé par les éléments constituant son environnement psychologique et social. L'objet, dit Lewin, doit toujours être référé à la situation, à ce qu'il appelle *le champ* ;

2) le groupe doit être considéré comme un ensemble de personnes interdépendantes. Il constitue un tout, une organisation et non pas une juxtaposition ou une collection d'individus.

« La trame de cette organisation est le champ psychologique du groupe englobant non seulement les membres, supports matériels en quelque sorte, mais leurs buts, leurs actions, leurs ressources, leurs normes, etc. Au sein de ce groupe en situation se développe un système de tensions, tantôt positives, tantôt négatives, correspondant au jeu des désirs et des défenses. La conduite d'un groupe va consister en une suite d'opérations visant à résoudre ces tensions et à rétablir un équilibre plus ou moins stable » (Maisonneuve, 1990, p. 13).

1.1. Les fonctions exercées dans les groupes

Comme dans le schéma du fonctionnement individuel, le groupe est soumis à des forces externes (l'environnement) et internes (liées aux membres du groupe et à la nature de leurs interactions). Ces forces créent des tensions.

Comme nous le savons, les tensions positives résultent de la volonté d'atteindre certains objectifs, elles déterminent un comportement spécifique : le comportement d'approche (*cf.* chapitre 1) et une première fonction du groupe : *la fonction production.* Fonction visant la réalisation des objectifs, elle est donc associée, centrée sur la tâche.

Aux tensions négatives générant des comportements d'évitements, va correspondre la deuxième fonction du groupe : *la fonction entretien,* fonction défensive par rapport aux problèmes relationnels qui risquent de perturber le fonctionnement du groupe. La fonction entretien correspond en quelque sorte à la fonction de survie. C'est elle qui va permettre au groupe de se maintenir en tant que groupe. Elle va prendre dans la réalité deux formes différentes et complémentaires.

La fonction facilitation, centrée sur les échanges dans le groupe et qui vise l'expression et la participation de l'ensemble des membres de groupe.

La fonction régulation, visant le règlement des conflits internes au groupe ou du moins leur maintien à un niveau acceptable pour permettre aux fonctions facilitation et production de se réaliser.

Le groupe étant un organisme sous tension, il possède donc une certaine *énergie potentielle,* en quantité finie. Dès lors, plus un groupe investit son énergie dans la production, moins il pourra la dépenser dans la fonction entretien et vice versa. Le fonctionnement d'un groupe sera optimal lorsqu'il pourra trouver une répartition adéquate de son énergie entre ses activités de production et celles visant son entretien, compte tenu de la situation dans laquelle il évolue. Cette répartition est bien entendu susceptible de varier d'une phase à l'autre de l'évolution du groupe. Nous verrons plus tard que cette optimisation de l'investissement énergétique du groupe sera la fonction essentielle de l'animateur d'un groupe.

Les trois fonctions du groupe

Fonction production :
Objectif : Réalisation, progression
Centrée sur la tâche

Fonction facilitation :
Objectif : Expression, participation
Centrée sur la communication dans le groupe

⇗
Fonction entretien
⇘

Fonction régulation :
Objectif : Réduction des conflits
Centrée sur les difficultés relationnelles

Cette théorie du champ, la notion de dynamique du groupe amènent la formulation de l'idée centrale de l'approche lewinienne, celle qui en fait la nouveauté et l'importance : le groupe est une totalité dynamique qui détermine le comportement de ceux qui en font partie. Autrement dit, *c'est le groupe, la situation de groupe qui détermine les individus. Et non pas les individus qui déterminent le groupe.*

La situation de groupe est une réalité spécifique, la dynamique d'un groupe n'est pas réductible à la somme des comportements individuels. Un individu placé dans une situation groupale se comportera différemment de la manière dont il se comporte individuellement. L'individu en groupe est différent de l'individu isolé car la situation de groupe est soumise à un système de forces et de tensions spécifiques. Ces tensions proviennent certes en partie des individus eux-mêmes mais aussi du type d'interaction qu'ils développent et de tout un ensemble d'éléments qui dépassent l'interaction elle-même : les normes, les valeurs, la situation du groupe dans un environnement physique et social donné, la relation du groupe à cet environnement.

1.2. Le leadership dans les groupes

L'approche lewinienne débouche sur une analyse nouvelle des phénomènes de leadership dans les groupes : *le leader est une production du groupe* et le processus qui amène son émergence est fort simple :

1) le groupe est un système sous tension ;
2) ces tensions créent des besoins dans le groupe ;
3) et ces besoins déterminent l'apparition d'un leader.

Le leader est donc la personne qui permet au groupe, à un moment donné, de résoudre son ou ses besoins dominants. La connaissance du champ psychologique du groupe permet d'anticiper et de prédire le type de leader qui va y émerger. Le leader n'existe donc pas à priori, *il n'y a pas de leader né*. Il n'y a que des individus qui savent capter les besoins du groupe et apparaître comme les mieux à même de les réaliser. Ces phénomènes de leadership doivent être analysés *comme une fonction, et non pas comme un statut,* car ils s'inscrivent dans la dynamique du groupe. La position de leader étant liée au système de besoins du groupe pourra être occupée par des individus différents à différents moments de la vie d'un groupe. Elle n'est pas forcément liée à la position hiérarchique, au statut social de l'individu dans le groupe.

L'analyse d'un groupe suppose de bien distinguer les positions institutionnelles et statutaires (les chefs), des positions informelles et fonctionnelles occupées par le leader. Un groupe naturel (c'est-à-dire un groupe réel) fonctionnera de manière d'autant plus efficace qu'il y aura correspondance en son sein des deux types de position, c'est-à-dire si le responsable désigné exerce de surcroît une fonction de leadership sur le groupe. C'est d'ailleurs la non-concordance entre ces deux positions (les chefs ne sont pas leaders et les leaders ne sont pas les chefs) qui explique nombre de blocages, de conflits ou d'échecs des groupes naturels. C'est pourquoi se sont développés un courant et une formation dans les entreprises et les organisations qualifiés de « nouveau management », qui puise son principe de base dans la prise en compte des phénomènes de groupe. Le nouveau management se fonde sur le groupe – l'équipe de travail. Il nécessite un manager capable d'écouter, d'entendre, de capter et dynamiser les besoins du groupe. Le nouveau manager est un chef-leader.

De même peut-on distinguer deux grandes formes de lutte pour le leadership dans un groupe. Une lutte résultant du fait que deux individus différents essaient de répondre au même besoin : c'est la compétition entre personnes. Ou, deuxième cas possible, une lutte entre différents individus jouant chacun sur des besoins dominants différents. Dans cette situation la lutte pour le leadership résulte ou marque un conflit de choix entre différents besoins importants. Si la dynamique de groupe peut générer des luttes pour le leadership, cette lutte peut déboucher sur une répartition des fonctions entre plusieurs leaders dans le groupe : c'est le cas *des leaders complémentaires.* L'un exerçant la fonction production, l'autre la fonction entretien ; l'un centré sur la tâche, l'autre sur le groupe.

2. Le courant interactionniste

Si Lewin définit le groupe comme un organisme spécifique, les tenants de l'interactionnisme rendent compte de son fonctionnement à partir de la prise en compte des échanges interindividuels. C'est la somme des interactions qui se développe en son sein qui définit le groupe, excluant ainsi de fait l'idée de totalité. C'est donc l'observation du fonctionnement du groupe qui sera l'outil essentiel de la découverte, puisque c'est la nature des interactions immédiates qui est à l'origine du groupe en tant qu'entité active. *C'est l'échange, la communication qui est génératrice du groupe.* On comprendra dès lors que le chercheur le plus représentatif de ce courant, Bales (1950), se soit rendu particulièrement célèbre par la mise au point d'une technique d'observation des groupes. Sans contester l'importance de l'interaction, on peut cependant considérer que le courant interactionniste laisse de côté des éléments essentiels, constitutifs du groupe lui-même et qui dépassent la simple interaction : le rôle de l'environnement social et idéologique, la répartition des statuts et des rôles institutionnels, l'existence d'enjeux supra-individuels, réels ou imaginaires, etc.

Mais ce courant « comportementaliste » n'est pas exclusif de l'approche interactionniste. Un autre courant, d'origine d'ailleurs essentiellement sociologique, a connu un très grand succès et constitue encore à l'heure actuelle un mode d'approche très intéressant du fonctionnement social. Il s'agit de « *l'interactionnisme symbolique* ». Pour Goffman (1973) ou Thomas et Znanicecki (1918), *le type d'interaction qui fonde la relation sociale est l'interaction sujet-situation.* Dès lors l'élément central dans cette approche sera ce que ces auteurs appellent « la définition de la situation pour le sujet ». Cette définition de la situation résulte certes de ses caractéristiques objectives mais par-dessus tout de la *signification* que les sujets lui attribueront. C'est la situation *subjective* (nous dirions la représentation de la situation) qui est l'élément déterminant essentiel.

« Toute activité concrète est la solution d'une situation. » La situation implique trois types de données :

1) les conditions objectives en fonction desquelles l'individu ou le groupe doit agir, c'est-à-dire la totalité des valeurs économiques, sociales, religieuses, intellectuelles, etc., qui à l'instant *t* affectent directement ou indirectement le statut conscient de l'individu ou du groupe ;

2) les attitudes préexistantes de l'individu ou du groupe qui, à cet instant, ont une influence sur son comportement ;

3) la définition de la situation, c'est-à-dire « la conception plus ou moins claire des conditions objectives et la conscience des attitudes » (Thomas et Znaniecki, 1918, cité par Beauvois, 1995, p. 140).

3. Le courant psychanalytique

L'application de la théorie analytique aux processus de groupe est présentée pour la première fois par Freud dans deux ouvrages célèbres parus au début du siècle : *Totem et Tabou* (1912) et *Psychologie collective et analyse du moi* (1921). Pour Freud comme pour tous ses successeurs, les processus inconscients sont les éléments fondateurs puis les moteurs de la dynamique des groupes, la notion de groupe – en tout cas chez Freud – dépassant largement le cadre des groupes restreints. Le groupe fonctionne donc sur le même mode que l'appareil psychique individuel. On distinguera dans les groupes du conscient, du préconscient et de l'inconscient. Si l'isomorphisme groupe-individu est direct pour cette première topique freudienne, il est moins évident pour la seconde topique et nécessite une transposition au groupe des différentes instances fort bien présentées par Amado et Guittet (1975, p. 126) :

> « Le ça est le pôle pulsionnel du groupe, il est particulièrement présent dans un groupe par l'intermédiaire de chacun de ses membres ; la pluralité des individus évoque en effet pour chacun la diversité des pulsions libidinales et agressives.
> Le moi, représentant des intérêts de la totalité du groupe, est le plus souvent incarné dans la personne du leader, du moins au début, le groupe lui-même devenant progressivement le moi à l'intérieur d'un groupe "mûr".
> Le Surmoi est constitué généralement par les règles de fonctionnement, les principes de base communs à l'ensemble des membres, connus et acceptés par eux.
> L'idéal du moi, modèle auquel les membres du groupe chercheraient à ressembler, peut être le leader (cf. l'Armée et l'Église) ou une autre personne du groupe (la personne centrale de Redl). Le groupe dans son ensemble peut également s'identifier à un groupe extérieur ou à une idée, une abstraction (sectes ou confréries).

Le moi idéal, dans un groupe, serait comme une identification idéalisée à son propre groupe. C'est la toute-puissance narcissique qui prédomine. Support à l'identification héroïque, il est particulièrement à l'œuvre dans certaines bandes d'adolescents. »

Selon Freud, le phénomène fondamental qui permet au groupe de se constituer puis de se maintenir résulte d'un comportement archaïque, l'attachement au chef. C'est donc *l'identification* qui est le processus fondamental à l'œuvre dans les groupes. Cette identification est double. D'une part une identification de tous les membres *au chef,* identification qui permet d'autre part une identification *mutuelle* entre les membres du groupe, identification rendue possible par le fait que tous partagent un même idéal du moi, c'est-à-dire un même modèle auquel ils cherchent à ressembler : leur chef. « Les membres du groupe s'identifient au chef et s'identifient les uns aux autres » (Freud, 1923).

Le rôle essentiel du chef dans la création d'un groupe va être repris plus tard par Redl (1965) mais cette fois-ci à partir d'observations d'enfants et d'adolescents en classe ou en colonies de vacances. La création d'un groupe, nous dit Redl, résulte des réactions émotionnelles que génère un individu particulier dans le groupe : *la personne centrale.* Ces réactions émotionnelles peuvent être aussi bien positives que négatives, et la personne centrale tout autant un objet d'identification qu'un objet de pulsion (y compris morbide). C'est donc dans la relation au chef que se manifeste tout un ensemble de réactions émotionnelles qui sont des indicateurs de la nature de la structure affective du groupe. De ses observations Redl dégage dix types différents de personnes centrales correspondant à dix modalités de formation de groupe (*cf.* encadré *infra*).

Les dix types de personnes centrales de Redl

1. Le souverain patriarche

C'est l'image du maître ou du père bon et juste. Il génère un sentiment de sécurité, et ceux qui sont autour de lui deviennent un groupe en intériorisant le Surmoi de cette personne centrale.

2. Le leader

C'est un chef qui comprend ses membres, notamment à travers son habileté technique. Le groupe se constitue sur la base de l'incorporation de la personnalité du chef à l'idéal du moi de chacun des membres.

3. Le tyran

Il est défini par l'ordre qu'il impose. Le groupe se constitue par identification à ce tyran, sur le mode d'une incorporation du Surmoi de ce dernier à celui de chacun des membres ; le mécanisme en jeu ici est « l'identification » à l'agresseur.

4. L'objet d'amour
Il désigne le chef comme celui dont les membres sont amoureux. Le groupe se constitue à partir de pulsions libidinales.

5. L'objet de pulsion agressive
Il désigne un chef relativement sadique et dominateur. Le groupe se constitue autour de lui par solidarité de pulsions agressives.

6. L'organisateur
C'est celui qui permet la réalisation de désirs réprimés. Le groupe se constitue à partir de la participation à un plaisir défendu, ce qui a pour effet de résorber les situations conflictuelles en apaisant l'angoisse de culpabilité.

7. Le séducteur
C'est celui qui suscite une situation affective ; le groupe se constitue autour de cette personne centrale par son acte initiateur au service de la satisfaction des pulsions.

8. Le héros
C'est celui qui, dans un groupe, se révolte contre l'injustice du chef. Le nouveau groupe se constitue alors par une identification à ce héros qui, par son acte, se met au service de la défense contre les pulsions agressives de chaque membre, notamment à l'encontre de l'ancien chef.

9. La mauvaise influence
C'est celui qui, dans un groupe, est considéré comme exerçant une mauvaise influence. Il représente un encouragement à exprimer les mêmes pulsions que lui. C'est ainsi que le groupe se constitue.

10. Le bon exemple
C'est celui qui, dans un groupe, se caractérise par l'absence de conflits internes et de culpabilité. Le groupe se constitue à travers l'élément de sécurité représenté par cette personne centrale.

Source : d'après Fischer, 1990.

Mais c'est surtout aux psychanalystes de l'école anglaise, fortement influencés par M. Klein que l'on doit les élaborations théoriques les plus complètes et les plus convaincantes et parmi eux à W. Bion.

• *L'apport de Bion*

Si Lewin est arrivé au groupe presque par hasard, Bion au contraire y a consacré toute sa vie. De l'armée, dont il était officier, jusqu'à la clinique de Tavistock il n'a cessé de réfléchir et d'expérimenter sur les processus de groupe, passant de sa méthode de « groupe sans leader » (1942), très proche du groupe de diagnostic de Lewin, à ses « groupes thérapeutiques » (1948), tentatives de faire participer les malades à la prise en charge de leurs problèmes. Trois idées essentielles constituent le fondement de l'approche de Bion :

1) Il y a toujours dans tout groupe une *double activité.* Une activité consciente, se situant au niveau de la réalisation de tâches et qui correspond à l'une des deux composantes du groupe : *le groupe de travail.* Et une autre activité généralement inconsciente, dominée par des fantasmes et qui concerne les relations affectives : *c'est le groupe de base.* La vie d'un groupe, sa dynamique va donc toujours être déterminée par la coexistence de ces deux systèmes : un système objectif et manifeste, un système affectif, symbolique et implicite ou inconscient.

2) La notion de « mentalité de groupe » *(group mentality)* ou de « schèmes mentaux collectifs », qui peut jouer, selon E. Trist (cité par De Visscher, 1991), « un rôle de référent pour le contexte groupal analogue à l'inconscient pour le contexte individuel ». Cette mentalité de groupe serait constituée de trois schèmes fondamentaux, pouvant d'ailleurs jouer successivement ou simultanément, de trois « présupposés de base » *(basic assumption).* Les individus placés en situation de groupe seraient donc amenés à s'associer grâce à un présupposé de base qui peut prendre trois formes :

– la dépendance : c'est la recherche de soutien d'un leader, recherche d'aide et de sécurité. Le leader apparaissait comme le seul capable d'assurer la satisfaction de ces besoins ;

– le couplage (*pairing*) : c'est le schème de *l'espoir.* Il est généré par les premières relations positives naissant dans le groupe entre deux de ses membres et manifeste la quête d'un « complément », la promesse de la résolution des problèmes dans le groupe ;

– l'attaque-fuite (*fight-fly*) : c'est le schème associé à la perception d'un *danger* et aux différentes façons d'y réagir, soit par la lutte, soit par la fuite. L'attaque faite peut être dirigée aussi bien vers le leader que vers d'autres membres du groupe. Le groupe se constitue alors comme une entité cohésive face au danger et à ses modes de résolution.

3) *L'importance des fantasmes dans les groupes* : le groupe est vécu dans une large mesure par ses membres sur le mode imaginaire. Les présupposés de base, les schèmes organisateurs de la dynamique d'un groupe correspondent à l'activation dans la situation de groupe de peurs ou de désirs très archaïques.

> « Comme au cours de leur histoire infantile les sujets se trouvent en face d'objets ambivalents et morcelés, tour à tour gratifiants et menaçants, accueillants ou dévorants, qu'il s'agit de se concilier, de fuir ou de détruire. La résurgence des fantasmes issus de ces expériences constitue l'obstacle majeur pour un ajustement aux réalités de la situation collective et l'établissement d'une véritable coopération » (Maisonneuve, 1990, p. 74).

C'est d'ailleurs ici qu'apparaît indiscutablement la filiation avec Melanie Klein. C'est bien elle, en effet, qui a introduit l'hypothèse que la situation de groupe réactivait les fantasmes primitifs de morcellement du corps et de dévoration. Cette hypothèse de l'activation fantasmatique en groupe va être reprise, après M. Klein et W. Bion, et largement développée par un groupe d'analystes – essentiellement français – réunis par et autour de D. Anzieu.

• *L'importance de l'imaginaire dans les groupes*

Parlant de M. Klein, Anzieu définit parfaitement l'apport de cette dernière, et les idées essentielles de l'approche qu'il défend. Melanie Klein, dit-il, « a mis en évidence la double dimension, fantasmatique et symbolique, dans les groupes. Par exemple, la situation de groupe directif développe chez les sujets l'ambivalence envers l'autorité, tandis que la situation non directive provoque une régression plus archaïque, préœdipienne, avec une accentuation des angoisses de morcellement, de persécution et de dépression dont on peut ainsi découvrir qu'elles étaient d'ailleurs latentes en tout groupe. Le "climat" d'un groupe, réel ou artificiel, ses productions ou son incapacité à produire, sont liés aux résonances ou aux discordances fantasmatiques sous-jacentes » (Anzieu, 1974, p. 1). Nous voici fort loin du modèle lewinien fortement critiqué par Anzieu lui-même. Il n'y aurait pas que des forces réelles dans le champ, mais également des déterminants imaginaires ou fantasmatiques. Trois types de notions semblent essentielles pour éclairer le fonctionnement et la genèse de l'imaginaire groupal :

1) *Le groupe fonctionne comme un rêve* (Anzieu, 1966) : le groupe est le lieu de réalisation des désirs interdits ou qui ont été réprimés aussi bien dans la vie privée, dans la vie sociale que dans l'enfance.

2) *L'illusion groupale* (Anzieu, 1975) : directement inspiré des travaux de Winnicott sur l'angoisse de morcellement du nourrisson par rapport au corps de sa mère, Anzieu met en évidence une des angoisses latentes présente dans tous les groupes : celle de la perte de l'identité personnelle. Face à ce danger d'être fondu dans la masse, de perdre son statut d'individu spécifique, va s'élaborer en groupe un mécanisme de défense permettant de réduire cette angoisse, tout en conservant le désir de sécurité et d'unité, qui est l'un des désirs fondateurs de l'appartenance à un groupe. C'est ce mécanisme de défense qui produit l'illusion groupale : elle consiste à substituer au moi idéal individuel un moi idéal commun, c'est-à-dire à utiliser l'illusion d'une fusion. C'est la recherche d'un état fusionnel collectif.

3) *L'appareil psychique groupal* : il existe, dit Kaës (1976), un modèle groupal de l'appareil psychique. Cet appareil est une construction qui permet la création d'un Moi groupal, qui n'est pas « une véritable instance analogue au moi de l'appareil psychique individuel mais le système des formations intermédiaires à travers lesquelles le Moi est formé par la pluralité des identifications, des relations d'objets pour aboutir à une pluralité singulière formant groupe... On assiste alors à la formation d'une figure unique à partir de traits empruntés à plusieurs sur la base d'un mécanisme de condensation qui confère à toutes les personnes une sorte d'équivalence » (Fischer, 1990, p. 119).

4. Recherches sur les phénomènes de groupe

Nous allons présenter maintenant quelques-unes des recherches les plus importantes sur les groupes. Il s'agit des travaux que l'on peut considérer comme les références incontournables sur ce thème.

4.1. Styles de leadership et processus de groupe (Lippitt et White, 1947)

Ces auteurs ont réalisé leurs recherches en 1939-1940 sur des groupes d'enfants américains d'une dizaine d'années fréquentant des clubs de loisirs. Les observations portent sur des périodes assez longues (plusieurs semaines) et ont pour objectif d'étudier les relations entre type de commandement et phénomènes de groupe. Trois types de leadership sont alors définis qui vont correspondre aux comportements de l'adulte responsable du groupe.

Leadership autoritaire

Les décisions concernant le travail et l'organisation du groupe sont prises par le responsable seul, au fur et à mesure de l'évolution des activités. Les décisions ne sont ni justifiées, ni explicitées par rapport à une progression. Les critères d'évaluation du chef ne sont pas connus. Enfin il reste à l'écart de la vie du groupe, n'intervenant que pour canaliser le travail ou faire des démonstrations en cas de difficulté.

Leadership démocratique

Les décisions résultent des discussions provoquées par le leader et tiennent donc compte de l'avis du groupe. Elles sont articulées par rapport à une progression, chaque étape étant donc clairement située et finalisée. Par ailleurs ce dernier explicite les jugements qu'il porte et les justifie. Quand un problème se pose il suggère toujours plusieurs alternatives entre lesquelles le groupe a le choix. Sans trop participer lui-même aux activités, il s'efforce d'être intégré à la vie du groupe.

Leadership laissez faire

Après avoir précisé les moyens et le matériel dont dispose le groupe, le chef adopte un comportement passif. Le groupe jouit donc d'une totale liberté tout en sachant qu'il peut néanmoins faire appel au responsable. Ce dernier ne juge, ni n'évalue. Sa présence est amicale mais il n'intervient qu'à la demande, prenant un minimum d'initiatives.

Les résultats obtenus montrent clairement que le type de leadership affecté à un groupe détermine l'ensemble de ses comportements émotionnels, sociaux et cognitifs.

C'est ainsi que dans les groupes à *commandement autoritaire* dominent des comportements soit d'apathie, soit d'agressivité. Le climat socio-affectif de ces groupes est mauvais, la cohésion faible, les tensions internes fortes favorisant la création de sous-groupes. L'agressivité ne pouvant se libérer sur le responsable est alors détournée vers certains membres du groupe ou vers l'extérieur avec l'apparition de boucs émissaires. En ce qui concerne le travail, on constate qu'en présence du chef la performance est bonne (elle est même supérieure à celle des groupes démocratiques) mais empreinte d'une forte tendance à l'uniformité, les différences interindividuelles étant réduites au maximum. Par ailleurs en l'absence du chef cette performance s'effondre, le groupe abandonnant dès lors toute responsabilité ou initiative.

Dans les groupes à *commandement démocratique*, par contre, la performance est élevée et reste stable, y compris lorsque le leader quitte le groupe. Cette situation permet par ailleurs une très grande expression des différences individuelles, les produits sont donc de qualité mais également moins uniformes que dans la situation autoritaire. La satisfaction des membres du groupe est élevée et le climat socio-affectif positif : la cohésion est forte, ces groupes résistant plus que tous les autres à des tentatives de division venant de l'extérieur. L'agressivité envers le chef peut s'exprimer directement et elle ne produit pas de tensions internes non résolues s'investissant hors du groupe comme dans le cas précédent.

C'est dans les groupes à *commandement « laissez faire »* que la performance est la plus mauvaise, sans que la présence ou l'absence du chef joue un rôle particulier. Ces groupes peuvent être qualifiés « d'inactifs improductifs ». Le climat socio-affectif du groupe est très mauvais ainsi que la cohésion et le niveau de satisfaction. Comme dans les groupes autoritaires apparaissent des comportements agressifs envers les autres mais également envers l'extérieur, et des boucs émissaires.

Cette recherche a connu un succès considérable dès sa publication aux États-Unis. Nombreux sont ceux qui ont cru y voir la démonstration scientifique du bien-fondé de la démocratie. Elle est également à l'origine de tout un courant de réflexion sur le management (*cf.* Aubert, 1991). De fait, les travaux de Lippitt et White ne montrent pas que tel ou tel type de commandement est à priori meilleur qu'un autre mais que *chaque type de leadership produit un climat social particulier et un certain type de performance.* Dès lors les conséquences du style de commandement dépendent de deux facteurs essentiels : son adaptation au type de tâche et à la finalité de la situation d'une part, son adaptation aux caractéristiques du groupe d'autre part.

– *Adaptation au groupe* comme le démontre Schrag (1954) : étudiant les types de leaders émergeant dans les prisons, il montre que le leader est celui qui s'adapte le mieux et qui représente le plus les valeurs de groupe concerné. Ainsi les leaders des pénitenciers les plus durs apparaissent-ils comme des leaders violents et autocrates, alors qu'on observe un tout autre style de leadership – essentiellement coopératif – dans les prisons dont la population est moins « criminalisée.

– *Adaptation à la tâche* : si la nature de la tâche – comme dans l'expérience princeps de Lippitt et White – est de type *créatif,* c'est bien le style démocratique et participatif qui permet la performance optimale du groupe toutes les recherches s'accordent sur ce point. Par contre, pour d'autres types de tâches – résolution de problèmes, actions face à un danger –, le style autoritaire peut parfaitement être plus efficace et même être souhaité par le groupe lui-même. C'est ce que montrent Mulder et Stemmading (1963) : face à une menace extérieure grave, les groupes souhaitent et se donnent un leader fort.

Les phénomènes de leadership doivent toujours être analysés par rapport à la nature de la situation. Le leader le plus performant sera celui qui sait adopter son style aux contraintes de la situation. C'est dans cette direction que se sont d'ailleurs développés les différents courants du nouveau management, du modèle managérial « contingent » de Fiedler (1972) au modèle situationnel de Tannenbaum et Schmidt (1973) en passant par le concept de « management fondé sur le groupe » de R. Likert (1967) pour déboucher en Europe sur la définition des « pilotes du troisième type » d'Archier et Sérieyx (1986).

4.2. Déviation, rejet et communication dans les groupes (Schachter, 1965)

La communication est, dit Schachter, le mécanisme au moyen duquel s'exerce le pouvoir, elle va donc être le support qu'utilise un groupe pour faire pression sur ceux qui s'écartent de ses normes. L'expérience a été réalisée en constituant quatre types de « clubs », auxquels les sujets avaient souhaité participer, mais dans lesquels ils sont répartis au hasard. Deux clubs sont attractifs (clubs « étude de cas » et « cinéma ») et deux ne le sont pas, c'est-à-dire qu'ils ne correspondent pas aux choix de sujets (clubs « journalisme » et « radio »). En manipulant le degré d'attrait des activités dans les groupes, on obtient deux degrés de cohésion. Les groupes cohésifs sont ceux dont les membres effectuent l'activité qu'ils avaient choisie.

La tâche proposée aux groupes consiste à discuter sur le cas d'un jeune délinquant, et à répondre à la question : « Que doit-on faire de lui ? » Pour deux de ces groupes (« étude de cas » et « journalisme »), la tâche proposée correspond précisément aux activités prévues. Pour les deux autres, la tâche n'est pas pertinente par rapport aux buts du club. Chacun des quatre clubs correspondant donc à l'une des conditions expérimentales croisant les deux variables étudiées : cohésion de groupe + pertinence de la tâche (*cf.* figure 5).

		Tâche	
		Pertinente	*Non pertinente*
Cohésion du groupe	*Forte*	Club « étude de cas »	Club « cinéma »
	Faible	Club « journalisme »	Club « radio »

Fig. 5. Les 4 conditions de l'expérience de Schachter

Chaque club comprend de 5 à 7 membres « naïfs » et 3 « compères » et discute pendant 45 minutes. Chacun des compères va jouer un rôle fixé à l'avance et correspondant à trois types d'individus :

– un « *conformiste* » qui se range systématiquement à l'attitude adoptée par le plus grand nombre de membres du groupe ;

– un « *flottant* » qui après avoir adopté au début de la discussion une attitude extrême se rapprochait progressivement de la position dominante dans le groupe ;

– un « *déviant* » qui préconisait une solution de rigueur extrême et s'y tenait durant toute la discussion.

Les principaux résultats recueillis sont alors les suivants : dans tous les groupes, on observe que *les communications sont dirigées beaucoup plus vers le déviant* que vers les autres membres du groupe, et ceci de plus en plus au fur et à mesure qu'il refuse de changer de position (compère « déviant »). Dès que le déviant change d'opinion et se rapproche de celle du groupe (compère « flottant »), on s'adresse beaucoup moins à lui. Il y a donc bien une pression à l'uniformité qui s'exerce sur le déviant. Mais cette pression du groupe n'est pas uniforme : elle est maximale dans le groupe « étude de cas », c'est-à-dire dans un groupe cohésif effectuant une tâche pertinente pour lui. Dans cette situation apparaît également un autre phénomène : c'est *le rejet, l'exclusion du déviant* de la discussion, qui se traduit par une diminution subite des communications qui lui sont adressées au bout de trente minutes : les pressions du groupe pour convaincre ayant échoué, le groupe cesse de s'intéresser à lui. Ce rejet du déviant n'apparaît pas dans les groupes non cohésifs et effectuant une tâche non pertinente. On peut donc en conclure que les processus d'exclusion d'un déviant seront d'autant plus forts que le groupe concerné est cohésif et effectue une tâche dans laquelle il est fortement investi.

Les résultats de Schachter montrant que « la pression du groupe à l'uniformité augmentait avec la cohésion du groupe et qu'elle se traduisait par une augmentation des communications vers les sujets extrêmes » ont été depuis lors confirmés par d'autres travaux (*cf.* Doise et Mugny, 1978, p. 60). Par contre, le rejet du déviant n'est pas systématiquement observé. Les recherches les plus récentes, en particulier celles de Moscovici sur le rôle des minorités dans les groupes (*cf.* chapitre 8), mettent en évidence l'importance du style du comportement du déviant dans son influence et son rejet par le groupe.

4.3. La cohésion dans les groupes

On appelle cohésion « la totalité du champ des forces ayant pour effet de maintenir ensemble les membres d'un groupe et de résister aux forces de désintégration » (Festinger *et al.*, 1950).

Elle résulte donc des forces qui s'exercent sur le groupe. La cohésion sera d'autant plus grande que les forces positives sont importantes, car elles déterminent l'attraction que le groupe exerce sur ses membres. Mais cette cohésion augmentera également si le groupe développe un système de régulation et d'action sur les forces négatives, système dans lequel interviennent de façon importante des processus qui empêchent la sortie ou l'abandon du groupe.

Une cohésion forte est due à une action attractive des buts du groupe sur les individus et à la volonté de se maintenir dans le groupe. Le système de normes joue un rôle très important pour l'attractivité. Il s'agit des normes sociales d'appartenance, de fidélité au groupe et de la crainte personnelle du rejet.

Les facteurs de la cohésion se répartissent selon Maisonneuve (1966) en deux grandes catégories : les facteurs d'ordre socio-affectifs qui déterminent l'attractivité du groupe et les facteurs d'ordre opératoire et fonctionnel qui touchent à l'organisation et au mode de fonctionnement du groupe (distribution des rôles, style de leadership par exemple). L'analyse des nombreux travaux permet de dégager les points d'accords sur les facteurs intervenant dans la cohésion d'un groupe (*cf.* tableau 1).

Tableau 1. Facteurs de la cohésion

Facteurs favorables à la cohésion	Facteurs défavorables
• Homogénéité du groupe	• Hétérogénéité du groupe
• Accord sur les buts	• Désaccord sur les buts
• Attrait de l'appartenance au groupe	• Absence d'intérêt pour le groupe
• Fréquence des interactions	• Rareté des interactions
• Existence d'une menace extérieure	• Absence de menaces extérieures
• Proximité physique	• Distance physique
• Leadership « démocratique »	• Leadership « autocratique »
• Bonne communication	• Mauvaise communication
• Compétition inter-groupe	• Compétition intra-groupe
• Répartition claire des rôles	• Ambiguïté des rôles

De nombreux travaux se sont penchés sur les relations entre cohésion et performance. Si les premiers travaux, ceux de Mayo à la Western Electric et ceux de Jenkins sur les équipages de bombardiers, ont mis clairement en évidence la supériorité des groupes cohésifs, il semble néanmoins que les relations performance-cohésion soient plus complexes, comme le montrent les travaux de Schachter (1951). Un groupe cohésif sera très performant s'il adhère aux buts qui lui sont fixés. Mais, s'il n'adhère pas, les conséquences de la cohésion seront alors très importantes en sens inverse, aboutissant par exemple à un comportement bien connu dans les entreprises : celui du freinage de la production. La performance d'un groupe dépendra donc de deux facteurs : la cohésion et l'accord sur les buts, l'adhésion :

– si la cohésion est forte ainsi que l'adhésion aux normes de production, la performance sera optimale ;
– si la cohésion est faible mais l'adhésion aux normes de production forte, la performance sera bonne ;
– si la cohésion est faible et l'adhésion aux buts également, la performance sera mauvaise ;
– c'est dans le quatrième cas : un groupe très cohésif en désaccord avec les normes ou les buts qui lui sont fixés aura la performance la plus faible.

Outre ces effets sur la performance peuvent être retenues quelques autres conséquences de la cohésion d'un groupe :

– il existe une relation directe entre cohésion et satisfaction, le moral d'un groupe cohésif étant généralement élevé (Exline, 1957) ;
– la cohésion du groupe détermine l'image qu'il se fait de lui-même. C'est ainsi qu'un groupe non cohésif a en général une mauvaise image de lui-même (Julian *et al.*, 1966) ;
– par contre, l'absence de cohésion est souvent un facteur très favorable à l'innovation et à la créativité d'un groupe (*cf.* Janis, 1971). L'homogénéité d'un groupe freine l'utilisation positive de l'esprit critique, il réduit la recherche d'idées nouvelles, pousse au conformisme et au maintien de règles rigides.

4.4. Le changement social dans les groupes (Lewin, 1947)

L'une des recherches les plus célèbres de la psychologie sociale a été menée par Lewin durant la guerre (1943). Il s'agissait de transformer les habitudes alimentaires des Américains et de les amener à consommer plus d'abats et de bas morceaux de viande. Dans la théorie lewinienne que nous avons déjà largement présentée, une nouvelle notion va être utilisée : celle d'état *quasi stationnaire*. Cet état correspond à celui d'un équilibre entre des forces égales et opposées, il génère ainsi une résistance au changement. Pour produire le changement, il va falloir modifier le champ de forces existant, soit en augmentant très fortement l'intensité de l'une des forces, soit en diminuant celle de l'autre. Soit l'on augmente les pressions qui vont dans le sens du changement, soit on réduit les pressions qui poussent à résister au changement. Comme Lewin part de l'hypothèse que l'une des principales sources de résistance au changement est la crainte de s'écarter des normes du groupe, il va donc falloir réduire cette crainte pour favoriser l'apparition de nouveaux comportements. C'est sur ces bases théoriques que Lewin réalise la première « recherche-action » présentée dans l'encadré p. 92.

La supériorité incontestable de la discussion de groupe sur l'exposé s'explique par plusieurs raisons :

– le niveau d'engagement des ménagères est beaucoup plus important. Elles sont donc actives dans la situation et par là même, se sentent plus impliquées ;

– l'animateur peut beaucoup mieux adapter ses arguments en s'efforçant de prendre en compte immédiatement les résistances émises durant les réunions ;

– la situation de groupe permet d'emblée de réduire la crainte de s'écarter des normes du groupe, celui-ci étant présent, témoin et acteur du changement.

Lewin arrive ainsi à une conclusion dont les conséquences théoriques et pragmatiques sont considérables. *« Il est plus facile de modifier les habitudes d'un groupe que celles d'un individu pris isolément. »* Ce résultat sera très rapidement confirmé par les recherches effectuées en milieu industriel par Bavelas (1948), Levine et Butler (1953) et surtout par Coch et French (1948). Les travaux de ces derniers constituent d'ailleurs un modèle de recherche scientifique en entreprise. Dans une usine de confection de pyjamas utilisant quasi exclusivement de la main-d'œuvre féminine (l'Usine Harwood), les divers changements technologiques introduits par la direction suscitaient de fortes résistances dont les symptômes majeurs étaient l'accroissement de l'absentéisme et du turn-over. Trois conditions expérimentales furent mises en place :

– situation contrôle : maintien des procédures antérieures les changements sont introduits autoritairement par la direction ;

– situation 1 (délégués) : ce sont des délégués élus qui discutent avec la direction des modalités de mise en œuvre du changement ;

– situation 2 (groupe) : tous les employés participent en groupe à l'élaboration des décisions de changement.

Avant le changement, la performance moyenne était stabilisée autour d'une production de 60 unités par heure. Après le changement, on obtient les résultats suivants :

– groupe contrôle (autocratie) : impossibilité de réatteindre le niveau précédent de 60 unités, conflits et crises internes : 17 % de départs dans le mois suivant la mise en place des nouvelles procédures ;
– groupe 1 (délégués) : le niveau antérieur (60) est atteint rapidement et la production se stabilise à ce niveau au bout de 14 jours. Pas d'incidents ni de départs ;
– groupe 2 (groupe) : le niveau de 60 est réatteint presque immédiatement, la performance augmente et se stabilise à un seuil de + 14 %. Aucun incident, ni départs.

Les résultats sont spectaculaires et vont avoir un très grand retentissement. Ils vont déboucher sur un courant managérial qui s'est imposé aux États-Unis et au Canada depuis le début des années 1970, celui du « développement organisationnel ». Les différentes évolutions ont tenté d'intégrer une critique ou une limite du modèle lewinien du changement : ce dernier ignore les implications sociologiques ou idéologiques de la participation collective. Cette dernière peut en effet se heurter elle-même à des résistances ou des réticences, crainte de démobilisation, de manipulation, refus idéologique de collaboration avec la direction, etc. Mais si effectivement l'approche lewinienne du changement doit être complétée, surtout lorsqu'elle est appliquée en entreprise, elle n'en constitue pas moins l'un des fondements des stratégies organisationnelles actuelles.

L'expérience de Lewin sur la transformation des habitudes alimentaires

Sollicité par les services officiels, Lewin eut l'idée de comparer deux moyens d'intervention en faveur de la consommation des abats, dans le cadre de clubs féminins où se réunissaient régulièrement les ménagères de petites villes : d'une part, des conférences portant sur les mérites nutritifs des abats et sur les moyens culinaires permettant d'améliorer leur préparation et leur présentation ; d'autre part, des exposés-discussions où, après une information plus brève, les femmes étaient invitées à poser des questions et à discuter entre elles des essais possibles sous la conduite d'un animateur.
On a constaté que les effets sur l'augmentation de la consommation étaient dix fois supérieurs avec la seconde méthode (30 % contre 3 %).
Ces résultats ont été confirmés par d'autres études, concernant cette fois la comparaison entre l'effet d'instructions diététiques données individuellement par des médecins et l'effet de prises de décision effectuées par de petits groupes sous la conduite des mêmes médecins : il s'agissait d'engager les jeunes femmes, accouchées

dans un hôpital rural, à donner précocement à leur bébé de l'huile de foie de morue et des jus de fruits, au lieu de les maintenir longtemps (comme elles le furent elles-mêmes) à un régime exclusivement lacté. Les contrôles ultérieurs révèlent que les mères qui s'étaient décidées à l'issue d'une discussion à adopter ce nouveau régime le pratiquaient effectivement dans une proportion de 85 à 100 %, tandis que celles qui avaient reçu des instructions individuelles ne le pratiquaient que dans une proportion de 40 à 50 %.

Source : Extrait de Maisonneuve, 1990

Chapitre 6

Techniques de groupe

Nous avons défini un groupe comme un ensemble de personnes en interaction et participant à une activité commune. Le type d'activité du groupe et les objectifs qui lui sont associés vont permettre de distinguer deux grandes catégories de situations de groupe correspondant à des méthodes d'intervention radicalement différentes : les situations de groupe centré sur le groupe ou de groupe centré sur la tâche.

1. Situations centrées sur le groupe : le groupe de diagnostic

Inventée quasiment par hasard par Lewin et son équipe, le « Training group » a vu le jour en 1947 à Béthel, aux États-Unis. Il consistait alors à réunir un groupe restreint d'individus dont la finalité était de discuter et de réfléchir à leur propre fonctionnement en tant que groupe, tout en abordant leurs problèmes professionnels. La méthode connut un succès rapide et suscita l'intérêt tant des expérimentalistes que des cliniciens, tant des psychanalystes que des sociologues ou des disciples de Lewin. Elle évolua donc très rapidement dans des directions relativement différentes et donne lieu encore aujourd'hui à des pratiques très dissemblables. C'est C. Faucheux qui, en 1955, introduisit le terme en français de « Groupe de diagnostic ». Si cette appellation est devenue la plus courante, on trouve néanmoins d'autres appellations telles que « T. Group » (pour Training Group) ou « Groupe de base » (surtout utilisée par les disciples de Bion).

1.1. La technique du groupe de diagnostic

Nous nous référons ici à l'orientation méthodologique la plus proche du courant lewinien ; orientation particulièrement bien présentée en français par C. Faucheux : « Le groupe de diagnostic est un groupe de huit à douze personnes dont un moniteur. » Ces personnes ne se connaissent pas (ou pas trop, ajouterions-nous). « Elles sont d'âge, de sexe, de professions différentes. Elles se réunissent pour se sensibiliser à la perception des phénomènes de groupe et pour apprendre des moyens par lesquels un groupe peut fonctionner efficacement. Pour ce faire, le groupe est entièrement libre d'employer les séances dont il dispose (environ quinze séances de deux à trois heures). Le moniteur a un rôle non directif, c'est-à-dire qu'il se borne à faire part au groupe de ses sentiments et de ses perceptions sur ce qui se passe dans le groupe, lorsqu'il juge que cela peut lui être utile » (Faucheux, 1959, p. 297).

Il s'agit donc d'une méthode active de formation et de sensibilisation aux phénomènes de groupe. En vivant une expérience de groupe, et surtout en l'analysant, les participants acquièrent une compréhension et une connaissance du fonctionnement des groupes humains en général. Cette expérience vécue vise une formation en profondeur, l'acquisition non pas d'un savoir-faire mais d'un « savoir-vivre », d'un « savoir être » avec autrui. Dans la plus pure tradition lewinienne, le groupe va jouer un rôle essentiel dans le changement des attitudes et des comportements. C'est en effet le groupe lui-même qui est le support et l'agent de la formation. Il s'agit d'une formation au groupe par le groupe, utilisant le processus mis en évidence par Lewin : les changements les plus importants et les plus durables sont obtenus en situation collective.

Dans cette situation de groupe « expérientiel », le moniteur joue un rôle central. C'est lui qui va fournir de fait le matériau essentiel à l'analyse et à l'évolution du groupe : la relation de dépendance. Le changement dans un sens positif des relations entre les membres du groupe s'effectue à travers le changement des relations entre les membres du groupe et le moniteur, avec un niveau de conscience suffisant de ce changement. Ce rôle central sera illustré dans la description que nous allons donner des différentes phases de l'évolution d'un groupe de diagnostic. Voyons auparavant rapidement les principes et les interventions du moniteur. Il est essentiel de préciser qu'il est exclu, dans un groupe de diagnostic, que le moniteur aborde les problèmes personnels des participants. Le groupe de diagnostic n'est pas une séance de thérapie. Le moniteur va donc se borner, pour l'essentiel, à reformuler les interventions ou les phénomènes qui ponctuent la vie du groupe, et ceci avec une attitude de neutralité bienveillante, et à veiller à ce que soient respectées les règles de base du groupe de diagnostic : restitution, unité de lieu, interdiction du passage à l'acte. L'animation d'un groupe de diagnostic est une tâche difficile supposant une formation spécifique. Les dérives méthodologiques de pseudo-psychologues de groupe ou de psychanalystes amateurs ont longtemps pesé sur le développement de cet outil dans des cycles de formation, comme le signale fort bien Anzieu (1976, p. 160) cité par De Visscher (p. 183) :

> « Certains moniteurs... se prenant pour de nouveaux Rimbaud, larguent les amarres et conçoivent le groupe comme une aventure, bateau ivre sur lequel ils descendent, étroitement confondus avec les participants, les fleuves impossibles... ces navigations dérivent tantôt vers le *Radeau de la Méduse* de la psychanalyse sauvage, tantôt vers des passages à l'acte entre participants, avec la complicité, voire la participation, du moniteur, tantôt vers des naufrages du groupe qui se saborde ou du moniteur jeté par-dessus le bastingage. La problématique perverse... tend d'autant plus facilement à s'installer au premier plan que la loi est minimisée, que le moniteur fusionne avec l'émotion collective et que, l'interprétation étant officiellement écartée, chacun se sent à l'abri du risque de dévoilement de sa vérité... les groupes de "rencontre" (où l'on vient non pour se former, ni pour changer, mais pour faire des "rencontres") ou les groupes "marathon" (pour voir jusqu'où les "processus" peuvent aller... trop loin) sont des manifestations... de cette subversion des méthodes de groupe. »

1.2. Le déroulement d'un groupe de diagnostic

En dépit de multiples tentatives plus récentes, on peut retenir les propositions de C. Faucheux (1959) qui définit quatre phases dans le déroulement du groupe. Ce modèle doit bien être compris comme visant à mettre en évidence les principaux processus à l'œuvre et non pas comme présentant une succession intangible et stricte de différentes étapes. Il est bien clair que, dans la réalité de la vie du groupe, les phases du développement s'interpénètrent de façon plus complexe. Mais la logique de l'évolution que propose Faucheux est, elle, relativement stable et incontournable.

• *Première phase : l'incertitude initiale.* Au démarrage de la session, les participants sont dans une situation où l'incertitude est quasi totale. Incertitude par rapport à soi (que va-t-on me demander ?) par rapport aux autres (qui sont-ils ?), par rapport au moniteur (quel va être son rôle ?), et par rapport à la tâche (qu'allons-nous faire ?). Cette situation génère une forte anxiété, ou, en termes lewiniens, une forte tension. Dès lors vont apparaître des comportements visant à répondre ou à diminuer cette tension, c'est-à-dire à réduire l'incertitude : proposition de présentation mutuelle, par exemple. La dynamique du groupe est en route.

• *Deuxième phase : la dépendance au moniteur.* Une incertitude majeure subsiste néanmoins : quelle tâche doit-on effectuer et comment ? Le groupe se tourne vers celui qui est censé savoir : le moniteur, pour lui demander aide et directive. Le refus de ce dernier d'indiquer des directions génère toutes sortes de réactions : pressions envers le moniteur pour qu'il réponde, agressivité (c'est-à-dire contre-dépendance). La structure du groupe est centralisée, la plus grande partie des communications est dirigée vers le responsable. L'attitude de ce dernier : refus de donner des directives, renvoi du groupe à lui-même par des reformulations aboutissent progressivement à l'acceptation du rôle qui est le sien : un facilitateur de la réflexion du groupe.

• *Troisième phase : le pouvoir interne du groupe.* La vacuité du pouvoir va entraîner une lutte pour le leadership. Le groupe est alors amené à s'organiser, à se structurer pour s'engager dans les tâches qu'il se choisit. Dans cette phase vont également commencer à apparaître des normes de groupe, des règles de fonctionnement (des interdits ou des tabous) et un langage groupal spécifique. Ces différents processus permettent de progresser vers une phase de maturité du groupe.

• *Quatrième phase : la conduite réfléchie.* Grâce à sa propre évolution et au rôle constant de reformulation du moniteur, le groupe organisé se régule et progresse en réalisant simultanément ses deux objectifs : faire quelque chose en groupe et analyser comment il fonctionne. L'objectif du groupe de diagnostic est alors atteint : en vivant et analysant son vécu, le groupe prend conscience de ses déterminants internes et externes et il va progressivement être amené à les contrôler, à les analyser au lieu de les subir ; l'expérience vécue dans les groupes devient un outil de connaissance de soi et de la dynamique d'un groupe.

Cette phase se termine d'ailleurs par ce qui pourrait constituer une cinquième phase : la mort du groupe. Elle génère des processus de deuil et des comportements (repas post-groupe, projet de retrouvailles, etc.), visant à réduire la nouvelle tension liée à la séparation inéluctable.

1.3. Intérêts et applications du groupe de diagnostic

Les participants à un groupe de diagnostic sont placés dans une situation où ils sont à la fois acteurs et observateurs de la vie complète d'un groupe, de sa naissance à sa mort. Le groupe de diagnostic constitue donc une expérience irremplaçable pour qui s'intéresse, veut comprendre ou veut agir sur un groupe. C'est un outil essentiel de la formation de psychosociologue, car il intervient à trois niveaux : personnel, interpersonnel et collectif. Le groupe de diagnostic offre également un terrain d'observation privilégié pour les recherches sur la dynamique des groupes. C'est d'ailleurs sur l'analyse de groupes de diagnostic que sont fondées certaines des analyses de M. Pagès sur la vie affective des groupes, et les théories d'Anzieu ou de Kaës concernant l'approche psychanalytique des groupes. Mais son utilisation demande une très grande prudence compte tenu des mécanismes très puissants qu'il met en œuvre, une compétence sans faille des moniteurs et le respect scrupuleux des règles méthodologiques qui le fondent et en garantissent déontologiquement l'utilisation.

1.4. Freud et la théorie de la horde primitive

Les différentes phases de l'évolution d'un groupe de diagnostic peuvent être rapprochées des hypothèses élaborées par Freud dans *Totem et Tabou* à propos de la naissance sociale des groupes humains.

Rappelons qu'en se fondant sur les travaux de certains anthropologues de son époque, Freud décrit ainsi l'évolution : à l'origine auraient existé des hordes de grands anthropoïdes dont la caractéristique essentielle était d'être organisées sur un mode patriarcal strict. Le père de la horde disposait d'un pouvoir absolu, concrétisé par la possession exclusive des femelles. Les fils sont donc chassés de la horde dès qu'ils représentent une menace pour cette règle. Cette situation génère une très forte frustration chez les fils chassés, elle va entraîner le premier événement important dans l'histoire des groupes humains : les fils se révoltent contre le père, l'assassinent et le dévorent. Le repas totémique permet l'appropriation, l'identification de chacun au père mort et redouté. « Le meurtre du père fondateur est un travail psychique interne que tout groupe a à effectuer sur le plan symbolique pour accéder à sa propre souveraineté » (Anzieu et Martin, 1982, p. 104).

Cette nouvelle situation – disparition de l'autorité reconnue – crée une nouvelle tension, elle risque de générer la lutte entre les fils pour s'approprier le pouvoir. Il y a donc nécessité d'édicter des règles et des normes permettant le fonctionnement harmonieux et la pérennité du groupe en évitant les problèmes passés. C'est ainsi qu'émergent le tabou de l'inceste et les règles exogamiques. Règles garanties par la réintroduction symbolique du père : c'est le Totem, autorité de référence qui fonde et garantit le maintien des règles groupales. Cette évolution : Dépendance → Révolte → Meurtre du père → Constitution de nouvelles règles → Stabilisation par retour symbolique du père, correspond très précisément aux processus que décrit Faucheux concernant le groupe de diagnostic. On est donc en présence d'une hypothèse théorique et d'une analyse empirique qui s'accordent sur le rôle fondamental d'un même processus organisé autour des relations de dépendance dans le groupe.

2. Situations centrées sur la tâche : technique de conduite des réunions

Comme le faisait déjà remarquer G. de Montmollin en 1964, fort peu de recherches se sont intéressées au problème de la conduite des groupes de travail, c'est-à-dire à la détermination scientifique des composantes optimales de l'animateur de groupe. On peut cependant dégager, à partir des théories sur le fonctionnement des groupes et des multiples réflexions et témoignages des praticiens de la psychosociologie, les principes fondateurs d'une méthodologie de conduite des groupes centrée sur la tâche, c'est-à-dire des groupes ayant pour objectif l'atteinte d'objectifs opératoires divers.

2.1. Les composantes d'une situation de groupe centré sur la tâche

Le fonctionnement de ce type de groupe résulte de l'influence simultanée des trois composantes de la situation : la tâche, le groupe, l'animateur.

Rôle de la tâche

La dynamique du groupe sera déterminée par la nature de la tâche effectuée, c'est-à-dire par sa complexité et le type de communications et d'échanges qu'elle est susceptible d'induire. La nature des questions ou des problèmes à traiter génère à la fois des démarches cognitives, des structures de communication, une répartition particulière des rôles et des statuts.

Rôle de la nature du groupe

Outre, bien entendu, les personnalités et la répartition interne des statuts et des rôles vont également intervenir d'autres facteurs : la taille du groupe tout d'abord. Bien que l'on ne puisse dégager une règle stricte des recherches dans ce domaine, il apparaît que la taille optimale d'un groupe centré sur la tâche oscillerait entre 8 et 12 personnes. Le système de *règles et de normes,* ensuite, qui régissent son fonctionnement habituel tant d'un point de vue opératoire – sa manière d'aborder et de traiter les problèmes –

que d'un point de vue éthique – les valeurs dans lesquelles il se reconnaît et qui en fondent sa cohésion. Les enjeux personnels et collectifs qui interviennent directement dans la motivation du groupe et sur le type d'interactions interindividuelles, favorisant la coopération ou la compétition intra-groupe. Le réseau des relations formelles et informelles enfin : préexistant à la réunion, il engendre un système de relations prédéterminé par l'histoire du groupe. L'ensemble de ces facteurs constitue l'élément essentiel de la situation : la relation du groupe à la tâche.

Rôle de l'animateur

Le statut de l'animateur, son degré d'implication dans le groupe et dans la tâche, sa compétence vont déterminer un certain style d'animation. Nous savons fort bien, en effet, depuis les travaux de Lippitt et White présentés dans le chapitre précédent, que le style adopté agit directement sur la performance, le moral et la structure du groupe.

2.2. La fonction animation : principes généraux

Le type d'animation va bien entendu dépendre des objectifs de la situation. Mais l'on peut dégager quelques principes qui s'appliquent à toutes les situations de groupe centré sur une tâche.

L'animation est une fonction

Elle ne définit pas un statut. Il s'agit ici du principe le plus important définissant ce que doit être l'animation de groupe. L'animateur d'un groupe ne doit pas défendre son statut d'animateur, *son objectif est que la fonction animation soit exercée par le groupe* mais pas forcément par lui-même, bien au contraire : le fait que tel ou tel membre du groupe exerce à un moment donné une fonction d'animation est un événement positif de la vie du groupe, elle témoigne d'une certaine autonomie interne. L'animateur ne s'inscrit donc jamais dans les luttes pour le leadership ou la prise de pouvoir sur le groupe. On comprend dès lors l'extraordinaire difficulté qui résulte de la confusion des rôles – fréquente dans la réalité professionnelle – de responsable du groupe et d'animateur de ses réunions. Autant que faire se peut, ces deux rôles devraient être exercés par des personnes différentes pour placer le groupe dans des conditions optimales de production.

Les fonctions de l'animateur

Revenons à Lewin. Nous avons vu (p. 76) que le fonctionnement d'un groupe est optimal lorsqu'il répartit son énergie de manière adéquate entre ses activités de production et celles d'entretien. C'est le rôle de l'animateur de faciliter et de permettre la répartition énergétique qui convient à chaque moment du déroulement de la situation. Dans les situations centrées sur la tâche, la fonction dominante de l'animateur sera donc la fonction « Production ». Par contre la fonction « Régulation » est mineure. Cette répartition est inverse dans les groupes centrés sur le groupe ici c'est la fonction régulation qui est centrale. Mais même dans une situation de groupe centré sur la tâche, la fonction régulation doit, à certains moments, être exercée afin d'éviter que des tensions négatives internes ne perturbent le fonctionnement du groupe (*cf.* tableau 2).

TABLEAU 2. Répartition des fonctions de l'animateur selon la nature du groupe

	Groupe centré sur la tâche	Groupe centré sur le groupe
Fonction dominante	Production	Régulation
Fonction intermédiaire	Facilitation	Facilitation
Fonction secondaire	Régulation	Production

L'animateur est un observateur du groupe

La fonction d'animateur ne peut s'exercer correctement que si ce dernier est à même de saisir et de comprendre les manifestations verbales et non verbales qui ponctuent la vie du groupe et indiquent dans quel état il se trouve. Conduire une réunion valablement suppose donc une écoute du groupe, une compréhension dans lesquelles l'observation est un élément essentiel.

Le choix du type d'animation

Il dépend de l'analyse *préalable* de la situation. Si l'animation d'un groupe centré sur le groupe ne demande pas de préparation spécifique, par contre, la préparation de la réunion est un élément essentiel dans la réussite d'un groupe centré sur la tâche.

2.3. Les différents types de réunions

Nous distinguerons quatre grands types de réunions centrées sur la tâche – laissant de côté les réunions de créativité que nous traiterons de manière spécifique.

Réunions d'information descendante

Elles ont pour objectif de faire passer un message à un groupe ou à lui transmettre des consignes. La question centrale qui se pose est celle de la compréhension, de la réception correcte du message par le groupe. Le rôle de l'animateur de ce type de réunion est donc de permettre la mise en place du système de communication adéquat : un système bilatéral, reposant sur l'existence d'un *feed-back* permettant le contrôle et l'adaptation du message à la cible.

Réunions d'information ascendante : l'interview de groupe

Elles correspondent aux situations où l'on cherche à recueillir des informations, des opinions ou des réactions d'un groupe. Le rôle de l'animateur, que l'on appellera ici un interviewer de groupe, est déterminant. Il repose sur l'utilisation en groupe des techniques de l'entretien individuel et le plus souvent de celle de l'entretien guidé. C'est par la manifestation de la qualité de son écoute que l'animateur réalisera sa fonction dominante dans cette situation : faciliter l'expression et l'approfondissement des points de vue des participants. C'est aussi en tentant de générer un maximum d'échanges entre les membres du groupe que l'on obtiendra un résultat optimal : l'interview de groupe ne doit pas être une succession d'entretiens individuels réalisés en groupe, c'est une situation où la discussion de groupe est essentielle car elle accélère la production, elle stimule l'expression, elle enrichit les informations ou les sentiments recueillis grâce à la confrontation qui se réalise dans le groupe.

Réunions-discussions

L'objectif poursuivi par le groupe est l'expression et l'échange, à propos d'une question ou d'un thème. Il s'agit pour l'animateur de permettre l'expression de tous, de garantir à chaque participant qu'il pourra développer son point de vue, et de faire progresser la discussion. C'est dans ce type de situations que la fonction régulation peut, à certains moments, devenir nécessaire. La structure de communication la plus adéquate, et que l'animateur essaiera de susciter, est une structure homogène, c'est-à-dire non centralisée, dans laquelle chaque participant a pu échanger avec l'ensemble des autres membres du groupe.

Conduite de réunions – Méthodologie de base

I. PRÉPARATION DE LA RÉUNION

a) Préparation et étude du problème
– Nature du problème
– Type informations nécessaires
– Analyse du problème différentes dimensions à étudier, sous-problèmes
– Recherche d'une méthode éventuelle de résolution.
b) Dans le cas d'une réunion-discussion
– Préparation du schéma de discussion (plan, canevas) points clés, questions à traiter, etc.
c) Dans tous les cas prévoir et préparer l'introduction de la réunion

II. DÉMARRAGE DE LA RÉUNION

a) Définir l'objectif : Pourquoi ? } Par
Définir l'objet : De quoi ? } l'animateur
b) Vérification homogénéité de l'information
→ mise en commun des informations
→ lever ambiguïtés et interprétations
c) Définition d'une méthode
En fonction des objectifs, du problème et des contraintes de la tâche et de la situation. Faire faire par le groupe si possible.

III. LA RÉUNION ELLE-MÊME

Principe
Fonctions de l'animateur
– Production
– Facilitation
– Régulation
L'animateur est un observateur autant qu'un acteur

IV. TECHNIQUES, OUTILS

– Reformulation
– Synthèses
– Renvois :
  • Question miroir
  • Question relais → à un participant ou au groupe
  • Question directe
– Importance des mimiques, des gestes :
  • Ils permettent de faire parler celui qui en a envie au moment le plus propice.
  • Ils manifestent la présence et l'écoute de l'animateur
  • Ils dynamisent, régulent la vie du groupe.

V. DANGER DU TOUR DE TABLE

– Superficialité
– Influence
– Manipulation

VI. Importance synthèse finale
– Vérifier la non-ambiguïté
– Maintenir bon moral (→ motiver)
– Maintenir la cohésion (→ présenter les points de vue minoritaires)

VII. Importance du tableau
– Mémoire du groupe
– Outil de progression et de régulation
Risques :
• manipulation (outil de pouvoir)
• alibi (enterrement par tableau)
• centration sur l'outil et la tâche → oubli du groupe
• élimination du responsable du tableau de la discussion

Source : J.-C. Abric, Séminaires GIFRESH.

Réunions de résolution de problèmes

L'objectif est ici de permettre au groupe de trouver les solutions les meilleures à un problème auquel il est confronté. La fonction production est donc essentielle, associée à la fonction de facilitation. Néanmoins le style d'animation et par conséquent le fonctionnement du groupe vont varier de façon importante selon la nature du problème étudié :

– pour les problèmes simples : l'animateur le plus performant est de type directif. Il peut jouer un rôle actif très important sur la forme de la discussion et faire preuve d'autorité. La structure de communication la plus adaptée est une structure centralisée ;

– pour les problèmes complexes au contraire, c'est une structure de communication non hiérarchisée qui procure l'efficacité maximum car elle permet l'utilisation de toutes les potentialités du groupe. L'animateur sera donc moins directif, plus centré sur la fonction facilitation.

2.4. Technique d'animation d'une réunion

Préparation de la réunion

Dans la situation de résolution de problème, l'animateur va effectuer un travail de préparation sur le problème lui-même : étude de la nature du problème, du type d'informations nécessaires, des différentes dimensions à étudier, recherche de méthode de résolution.

Dans la situation de réunion-discussion, la préparation consiste à élaborer un schéma de discussion, basé sur les points clés repérés, sur les questions à traiter, etc.

Cette préparation a pour objectif de faciliter le travail du groupe et de réduire les risques d'erreur méthodologique dans le courant de la réunion. Elle doit être complétée par la préparation des conditions physiques et matérielles de la réunion : organisation spatiale facilitant la communication et l'interaction (type table ronde), disponibilité des outils indispensables à l'animation (exemple : tableau de papier). Cette préparation matérielle est essentielle car l'organisation d'un espace approprié est l'une des conditions nécessaires à la réussite d'un travail en groupe et à la réalisation d'une animation performante. L'animateur doit arriver à la réunion dans un espace qu'il connaît, qu'il a pu organiser et s'approprier et avec les éléments qui vont lui permettre d'introduire la réunion.

Démarrage de la réunion

L'animateur engage la réunion en présentant l'objectif et l'objet de la réunion. L'objet, c'est ce sur quoi porte la réunion (le thème, le problème, la question), l'objectif, c'est l'énoncé des raisons qui amènent à traiter de cet objet, le *pourquoi* de la réunion. La confusion entre objet et objectif est l'une des causes des difficultés du travail en groupe, le rôle de l'animateur consiste donc ici à dissocier clairement ces deux éléments et à permettre au groupe de savoir *de quoi il parle et pourquoi* il va en discuter.

Une deuxième tâche s'impose alors : *l'homogénéisation de l'information.* C'est au démarrage que doivent être levées toutes les incertitudes qui risquent de perturber le fonctionnement du groupe. Levée de *l'incertitude sur le groupe* : vérification que chacun sait qui sont les autres participants. Levée de *l'incertitude sur la tâche* : tout le monde possède-t-il bien les informations nécessaires à la réalisation de la tâche, ces informations sont-elles bien interprétées et de la même façon par le groupe ? Levée de *l'incertitude sur le rôle de l'animateur* : vérification que la fonction d'animation, que la manière dont l'animateur va intervenir sont sans ambiguïté pour le groupe. Cette homogénéisation de l'information doit *toujours* s'effectuer, même si toutes les informations ont été données préalablement, car la diffusion des informations aux membres d'un groupe ne signifie pas qu'elles ont été reçues, lues ou interprétées de la même façon.

Le groupe disposant ainsi de tous les éléments nécessaires à son travail, l'animateur peut alors l'engager sur un dernier objectif : *se donner une méthode de travail* (ou de discussion). Cette méthode doit tenir compte de la nature du problème, des objectifs et des contraintes, entre autres temporelles, de la situation. Elle peut être proposée par l'animateur mais devrait si possible être produite par le groupe lui-même.

Conduite de la réunion

Comme nous l'avons signalé auparavant, le style d'animation va tenir compte des objectifs du groupe, de la nature de la tâche et des contraintes de la situation. Par exemple, plus le groupe est important par sa taille, plus la tâche est simple, plus le temps est court et plus directive sera l'animation. L'animateur dispose de toute une batterie d'interventions qu'il pourra employer pour favoriser le travail du groupe.

• *Types d'interventions :*

– Reformulations pour permettre à un membre du groupe d'approfondir.

– Questions en retour : consistent à renvoyer au participant la question qu'il vient de poser. Le fait de poser une question sous-entendant souvent que le questionneur a lui-même une idée sur la réponse.

– Questions-relais : destinées à éviter une centralisation sur l'animateur. Elles consistent, pour ce dernier, à renvoyer au groupe dans son ensemble ou à un membre en particulier, une question qui lui était adressée.

– Questions directes à un participant : destinées à utiliser ses compétences ou à lui permettre de parler au moment le plus propice pour lui.

– Questions d'élucidation : elles consistent à reformuler au groupe non pas ce qui se dit mais ce qui se passe en son sein, soit pour le lui en faire prendre conscience, soit pour engager un travail de régulation.

– Synthèses : elles ponctuent toute la réunion. À intervalles réguliers, elles permettent de faire le point, de montrer la progression, de passer à une étape suivante.

• *Rôle du non-verbal (mimiques, gestes, regards).* L'observation des phénomènes non verbaux est essentielle pour l'animateur. C'est en effet à partir d'indicateurs non verbaux (une mimique, par exemple) qu'il est à même de percevoir la réaction d'un timide ou d'un « muet » qui lui indique l'instant le plus propice pour le faire intervenir. Mais c'est également par ses propres comportements non verbaux (un regard par exemple) que l'animateur sollicite et stimule la participation.

• *Limites et dangers du tour de table.* La technique du tour de table, contrairement aux apparences et aux idées reçues, n'est pas une technique favorisant l'expression de tous : *elle ne facilite pas l'expression* des timides ; par exemple, au fur et à mesure que son tour de parole approche, l'anxiété du timide ne cesse d'augmenter, et on va donc lui demander de s'exprimer au moment où son anxiété est maximale ! Elle ne permet pas non plus de connaître les opinions réelles des membres d'un groupe. Comme nous le verrons dans le chapitre 8, avec l'expérience de Asch, le tour de table peut être un outil redoutablement performant de manipulation. Influencés par les premiers points de vue exprimés dans le groupe, un certain nombre de participants vont verbaliser les points de vue majoritaires – même s'ils sont contraires à leur propre opinion – pour rester dans ce qui leur apparaît comme une norme de groupe. Le tour de table renforce considérablement la pression à l'uniformité, processus extrêmement puissant dans les situations de groupe (*cf.* chapitre 8). Nous poserons donc que le tour de table n'est une technique d'animation valable que dans le seul cas où l'information que l'on cherche est factuelle et non impliquante.

• *L'importance du tableau.* Il n'y a pas d'animation correcte sans utilisation du tableau. Ses fonctions sont essentielles :

– il est le support de la mémoire collective du groupe et qui plus est d'une mémoire contrôlée puisque visible ;

– il est un outil de stimulation de la pensée et de la réflexion ;

– il est un outil de progression facilitation des synthèses ;

– il est un outil de régulation l'inscription au tableau gratifie et donc mobilise ou renforce la motivation. Il permet au groupe de prendre conscience de sa production ;

– il permet enfin de résoudre un problème souvent délicat celui posé par un monopolisateur de parole dans le groupe. C'est la méthode dite de « l'enterrement par le tableau » : arrêter le bavard sur un mode gratifiant pour inscrire au tableau ce qu'il vient d'énoncer, puis relancer sur d'autres membres du groupe.

Dans la plupart des réunions, l'utilisation du tableau ne se délègue pas : elle reste l'outil de l'animateur pour faciliter son travail mais aussi pour éviter les deux risques inverses que fait courir le passage au tableau d'un participant : soit il est utilisé comme support permettant d'exercer un leadership, soit au contraire il élimine par une activité absorbante d'enregistrement ou de secrétariat.

Fin de la réunion

Toute réunion doit se terminer par une synthèse finale mettant en évidence les points essentiels de la production du groupe. Cette synthèse doit présenter l'ensemble des contributions *y compris les points de vue minoritaires.* L'énoncé de ces points minoritaires a pour fonction de maintenir une mobilisation parmi les membres du groupe qui n'ont pas été suivis. Pas suivis certes, mais au moins entendus. Le seul fait de faire mention des minoritaires augmente leur niveau d'adhésion et leur taux d'application à des mesures avec lesquelles ils sont en désaccord. La synthèse finale permet à la fois de savoir où le groupe en est et où il est parvenu, de vérifier la bonne compréhension des décisions, de reconnaître enfin les apports et les concessions de chacun, elle est un outil de préparation des réunions futures et de maintien d'un certain niveau de motivation dans le groupe.

3. Principes et techniques de la créativité en groupe

Nous appelons créativité « le processus par lequel un individu, ou un groupe, placé dans une situation donnée élabore un produit nouveau ou original adapté aux contraintes et aux finalités de la situation » (Abric, 1984, p. 193). C'est à Osborn (1953) que l'on doit l'idée que le groupe est la situation optimale pour la créativité, ce qui l'a amené à inventer la plus ancienne et la plus connue des techniques de créativité en groupe : le brainstorming. Depuis, un nombre considérable d'outils – individuels ou collectifs – se sont développés mais à travers cette diversité, on retrouve toujours les mêmes principes de base.

3.1. Principes de base de la créativité en groupe

L'importance du climat relationnel

La créativité en groupe suppose pour se développer, un climat chaleureux (relations socio-affectives positives), spontané (expression la plus libre possible), et ludique (la détente et le jeu facilitant la libération de l'esprit et l'entrée dans un univers moins marqué par les contraintes rationnelles).

L'importance de l'attitude de non-évaluation

La crainte du jugement d'autrui est l'un des freins les plus importants à l'originalité. Dans toutes les situations de groupe créatives, l'évaluation est donc systématiquement et fermement rejetée.

Nécessité de l'hétérogénéité du groupe

L'hétérogénéité du groupe, aussi bien en attitudes qu'en aptitudes, est une richesse potentielle puisqu'elle permet la confrontation avec des idées différentes et l'utilisation de compétences autres que les siennes, autant de facteurs favorisant la créativité. Mais elle peut aussi être source de blocages et de difficultés : inhibition face à des membres du groupe perçus comme plus compétents, blocage de la communication liée à des conflits d'attitudes, etc.

L'hétérogénéité est source potentielle de conflits socio-cognitifs. Les travaux de Hall et Watson (1970) permettent de mettre en évidence que l'hétérogénéité du groupe favorise la créativité pour autant que ces conflits socio-cognitifs sont pris en compte et régulés dans la situation. Lorsque le stress associé à l'hétérogénéité du groupe est réduit – par exemple grâce à l'apprentissage ou à la communication – les effets positifs de cette hétérogénéité peuvent alors se développer et promouvoir une créativité élevée. Cette analyse révèle d'ailleurs l'importance et la nécessité d'un certain type de leadership ou d'animation dans les groupes de créativité, centrés sur la régulation et l'instauration d'un climat relationnel positif.

De même, l'existence dans un groupe d'une minorité active et consistante est un facteur particulièrement favorable à la créativité d'un groupe. Les recherches expérimentales consacrées à cette question (Nemeth et Wachter, 1982 ; Moscovici et Lage, 1978) confirment toutes un effet différencié des influences majoritaires ou minoritaires. La majorité dans un groupe est particulièrement efficace pour entraîner l'ensemble vers des solutions correctes, si la nature de ces solutions est d'être « objective » et conformiste. Par contre, l'existence d'une minorité permet une décentration du groupe et favorise la production de solutions nouvelles, donc une performance beaucoup plus élevée en termes d'originalité.

Nécessité d'une structure de groupe homogène

Les principes précédents (climat positif, hétérogénéité) impliquent une structure de groupe qui permet à chacun de s'exprimer le plus librement possible. Comme nous le verrons d'ailleurs plus tard (chapitre 9), la structure de communication centralisée est un obstacle majeur à la créativité.

Un type d'animation spécifique

L'animateur d'un groupe de créativité est confronté à deux objectifs qui peuvent apparaître contradictoires. Il doit, d'une part, favoriser au maximum la libération de l'esprit du groupe et sa spontanéité, ce qui lui interdit de trop faire preuve d'autorité. Mais il doit également par ailleurs faire respecter strictement certaines règles – comme la non-évaluation – et intervenir pour créer et maintenir une activité de groupe dynamique et rapide. L'animateur de créativité sera donc directif sur la forme, participatif et facilitateur sur le fond. Il propose lui-même les outils, exercices et séquences de travail. Il intervient directement sur les membres du groupe pour solliciter ou accélérer leur production, il produit lui-même, éventuellement, pour faire avancer le groupe ou relancer après un ralentissement, mais sans valoriser bien entendu sa propre production. Il est constamment soucieux de l'existence d'un climat chaleureux, productif et exempt de critique ou d'évaluation sur les idées comme sur les personnes. Il n'intervient que rarement sur le mode de la régulation : le groupe de créativité ne se préoccupe pas de ses relations internes et de son vécu. Il se « contente de produire ». Si des tensions négatives existent dans le groupe, c'est par le biais d'un exercice de créativité que l'animateur essaiera de permettre au groupe de les réduire en les investissant dans de la production.

3.2. Exemple d'une technique de créativité en groupe : le brainstorming

Mis au point dès 1938 par Osborn, alors directeur d'une agence de publicité aux États-Unis, le brainstorming est une technique simple qui a connu et connaît encore un succès considérable. Utilisé par la plupart des services publics américains, par une multitude d'entreprises et d'organisations, le brainstorming reste actuellement – en tout cas associé à ses techniques dérivées – l'un des instruments majeurs du marketing.

Le brainstorming repose sur deux principes ou postulats de base.

1) Il est nécessaire de dissocier la fonction de production et de recherche des idées de la fonction d'évaluation et de jugement (positif ou négatif).

Ce principe a fondé toutes les techniques créatives – même les plus récentes et qu'elles soient individuelles ou de groupe. Il débouche sur une conséquence simple, mais fondamentale. La démarche créative se mettra en œuvre par la réalisation successive de deux phases distinctes :

– une phase de création pure, intitulée en général « *phase de divergence* », phase de roue libre, sans contraintes et la plus ouverte possible ;

– une phase de retour au principe de réalité, intitulée « *phase de convergence* ». C'est uniquement dans cette phase que sera porté un regard critique sur la production et opérée une sélection sur des critères comme « faisabilité », « coût », « originalité » définis en fonction des objectifs.

2) La libération de la créativité se réalise préférentiellement en groupe, pourvu que ces réunions soient correctement organisées et animées. La technique elle-même nécessite trois phases :

La première phase concerne la préparation. Il s'agit de constituer un groupe de dix à douze personnes (si possible hétérogène) et de délimiter le thème à étudier. Un problème complexe doit être décomposé en une série de sous-problèmes qui seront étudiés successivement.

La deuxième phase (phase de divergence) est constituée par la séance de brainstorming proprement dite dont la durée oscille entre une demi-heure et une heure. Elle est assurée par deux animateurs. L'objectif fixé au groupe est de produire des idées en se conformant aux quatre règles suivantes (*cf.* encadré *infra*).

– tout jugement critique (positif ou négatif) est interdit pendant la séance ;
– encouragement de l'imagination libre : toutes les idées, même les plus farfelues et les plus irréalistes doivent être formulées ;
– c'est la quantité d'idées qui est recherchée, non leur qualité ;
– enfin, le pillage des idées des autres est conseillé, c'est-à-dire que l'on peut associer, combiner, poursuivre les idées émises par le reste du groupe.

C'est dans la *troisième phase* (phase de convergence), réalisée après la séance, et par un petit groupe éventuellement différent, que s'effectuera le travail de tri, de sélection et de jugement de la production. Il semble que l'on puisse considérer qu'en moyenne dix pour cent des idées émises dans une séance de brainstorming sont utilisables.

Quelques vérifications expérimentales du brainstorming ont été menées, essentiellement aux États-Unis (*cf.* Rouquette, 1976). Les résultats de ces recherches sont assez clairs, même s'ils demanderaient à être étayés par un plus grand nombre de travaux : ils confirment l'intérêt de la dissociation de la démarche créative en deux temps, c'est bien cette démarche qui permet d'obtenir la meilleure créativité. C'est le deuxième postulat de Osborn qui pose problème. Car ces recherches, comme toutes celles utilisant d'autres paradigmes, ne permettent pas d'affirmer que la production d'un groupe (et pas seulement d'un point de vue de la créativité) est supérieure à celle que l'on obtiendrait du même nombre d'individus pris isolément (*cf.* Moscovici et Paicheler, 1971).

Principes de la créativité en groupe

« Les réunions en vue de produire des idées resteront relativement stériles si l'on ne fait pas comprendre à tous les participants et fidèlement observer par eux certaines règles. Voici les quatre principales :
1. *Le jugement critique est exclu.* La critique des idées doit être réservée à un autre moment.

2. *La quantité est demandée.* Plus le nombre d'idées est grand, plus augmente la probabilité d'en avoir de bonnes.
3. *L'imagination libre est bienvenue.* Plus l'idée semble absurde, mieux cela vaut il est plus facile de transformer une idée originale et irréaliste en idée faisable, qu'une idée banale en idée originale.
4. *Les combinaisons et améliorations d'idées sont recherchées.* En plus de leurs propres idées, les participants sont invités à présenter des suggestions relatives aux moyens d'améliorer les idées des autres à indiquer comment, à leur avis, deux ou plusieurs idées peuvent être combinées en vue d'en fournir une autre. »

Source : D'après A.F. Osborn, 1963, *L'Imagination constructive*, Dunod.

4. Remarques finales

Dans toutes les situations où un animateur a la charge d'un groupe, il va développer, nous venons de le voir, des techniques de conduite de réunion qui sont dictées par la finalité de la situation et les objectifs du groupe. Mais dans tous les cas, quels que soient les objectifs, le groupe, ou le contexte, il est un élément essentiel dans la réussite d'une animation : l'observation. Nous l'avons dit : l'animateur est d'abord un observateur à même de comprendre et de décoder les interactions, d'avoir une idée de la structure socio-affective du groupe. Nous allons aborder maintenant des approches qui visent cette meilleure connaissance du groupe.

Chapitre 7

Observation et recueil des processus de groupe

Malgré les critiques qui leur sont adressées, deux méthodes de recueil d'information sur le fonctionnement des groupes restent encore inégalées à ce jour. L'une de ces méthodes s'intéresse à l'observable : à ce qui s'échange dans un groupe de discussion. Ce sont les catégories de Bales. L'autre, par contre, vise à dégager des processus plus profonds souvent inobservables directement, les relations socio-affectives unissant les membres d'un groupe : c'est la sociométrie, indissociable du nom de J. Moreno.

1. La grille d'observation de Bales

C'est dans la plus pure tradition du courant interactionniste dont il a été l'un des théoriciens les plus influents que Bales élabore en 1950 une grille d'observation ayant pour objectif de rendre compte des interactions dans les réunions-discussions.

1.1. Les bases théoriques

L'idée de départ de Bales est que l'observation des interactions effectives d'un groupe donné permet de mieux connaître ce groupe mais aussi de découvrir des règles de fonctionnement que l'on retrouve dans tous les groupes confrontés à la même situation. Travaillant sur des groupes réunis pour discuter autour de thèmes, il pose que c'est à partir du volume et du type d'interactions que se mettront en place les statuts différents du groupe. Pour résoudre les tensions que la tâche génère dans le groupe, les participants développeront deux types de comportements : les uns, opératoires, visent à progresser et à atteindre les objectifs, les autres, socio-affectifs, sont liés aux réactions émotionnelles susceptibles d'apparaître entre les membres du groupe. Les interactions vont constamment osciller du pôle opératoire au pôle affectif, chaque membre du groupe jouant un rôle particulier dans l'évolution de cette dynamique. C'est donc l'observation directe de l'interaction qui permettra de connaître la progression du groupe et les rôles que chaque membre y joue. La dynamique d'un groupe est constituée par le type d'interactions qui se développent en son sein, par la répartition de rôles qu'engendrent ces interactions et par leur évolution dans le temps.

1.2. L'outil d'observation : les catégories de Bales

Après avoir observé de très nombreux groupes – groupes d'enseignants, groupes de diagnostic, équipes de travail –, Bales élabore un système qui repose sur douze catégories. Ces catégories sont issues de la définition de six dimensions primaires d'interaction sociale :

– problèmes d'orientation visant à aboutir à une définition commune de la situation ;
– problèmes d'évaluation de la production du groupe ;
– problèmes d'influence : contrôle des autres ;
– problèmes de décision ;
– problèmes de tensions entre les membres du groupe ;
– problèmes de cohésion du groupe, d'intégration.

Chacune de ces dimensions pouvant donner lieu à des interventions positives ou négatives, on obtient bien douze types différents d'interaction (*cf.* tableau 3).

Trois types d'interventions correspondent à des interventions dans la *zone socio-émotionnelle positive.*

– Catégorie 1 : *Solidarité.* Ce sont les interventions exprimant solidarité, affection, visant à élever le statut d'autrui ou à défendre quelqu'un qui est attaqué.

– Catégorie 2 : *Détente.* Manifestations spontanées de détente après ou pendant une tension. Par exemple, rires ou sourires non agressifs, plaisanteries.

– Catégorie 3 : *Accord.* L'analyse de ce type d'intervention est plus complexe car il s'agit d'une réponse à une autre intervention. Si c'est une réponse à des interventions de type 1 ou 2, c'est un indicateur de réserve, de modestie, de respect des autres. Si c'est une réponse aux

Tableau 3. Les catégories de Bales et leur organisation

Zone	Groupe	Catégorie
I.	Réactions positives	1. *Solidarité :* fait preuve de solidarité, encourage, aide, valorise les autres.
		2. *Détente :* cherche à diminuer la tension, blague, rit, se déclare satisfait.
		3. *Accord :* donne son accord, accepte tacitement, comprend.
II. Tâche	Réponses	4. *Donne des suggestions*, des indications respectant la liberté d'autrui.
		5. *Donne son opinion*, analyse, exprime son sentiment, son souhait.
		6. *Donne une orientation*, informe, répète, clarifie, confirme.
	Questions	7. *Demande une orientation*, information, répétition, confirmation.
		8. *Demande une opinion*, évaluation, analyse, expression d'un sentiment.
		9. *Demande des suggestions*, directives, moyens d'action possibles.
III.	Réactions négatives	10. *Désaccord :* désapprouve, rejette passivement, refuse l'aide.
		11. *Tension :* manifeste une tension, demande de l'aide, se retire de la discussion.
		12. *Antagonisme :* fait preuve d'opposition, dénigre les autres, s'affirme soi-même.

a b c d e f

a Problèmes de communication
b Problèmes d'évaluation
c Problèmes d'influence
d Problèmes de décision
e Problèmes de tension
f Problèmes d'intégration

I. Zone socio-émotionnelle positive
II. Zone neutre de la tâche
III. Zone socio-émotionnelle négative

catégories 4, 5 ou 6, elle manifeste un intérêt, une réceptivité par rapport à ce qui est proposé, si c'est une réponse à une intervention de la catégorie 12 (antagonisme), elle prendrait une signification de soumission, de renoncement à son point de vue personnel ou de son insatisfaction par rapport à certains membres du groupe.

Six interventions sont centrées sur les aspects opératoires, elles constituent la zone d'intervention sur la tâche :

– Catégorie 4 : *Faire des suggestions*, des propositions en vue d'une action en coopération.

– Catégorie 5 : *Donner son opinion*, tant sur la réalisation de la tâche que sur les comportements d'autrui.

– Catégorie 6 : *Donner une orientation*. Tout acte qui attire l'attention sur un point particulier.

– Catégorie 7 : *Demander une orientation*, chercher une vérification ou une confirmation.

– Catégorie 8 : *Demander une opinion*, ce sont les interventions ayant pour objet un effort d'évaluation, visant à faire exprimer une intention ou un désir.

– Catégorie 9 : *Demander des directives*, des suggestions d'action.

Enfin trois interventions correspondent à des réactions négatives dans la sphère socio-émotionnelle :

– Catégorie 10 : *Formulation d'un désaccord* à analyser en fonction de la nature de la réaction (*cf.* question 3), s'il s'agit par exemple d'une réaction à des interventions de la zone socio-émotionnelle positive (catégories 1, 2 ou 3), elle manifeste une attitude froide, formaliste ou un refus de s'associer à des manifestations émotives.

– Catégorie 11 : *Création de tensions,* manifestant un retrait du groupe ou une émotivité.

– Catégorie 12 : *Antagonisme,* attitude autoritaire, dogmatique, atteinte au statut d'autrui, défense abusive de son propre statut.

1.3. Méthodologie du codage

Pour catégoriser une intervention, l'observateur doit tenir compte de sa signification pour la personne à laquelle elle s'adresse. Ce qui est donc ici essentiel, c'est la signification de chaque intervention pour le récepteur. La part d'interprétation de l'observateur doit être minimale : il doit coder en fonction de la *signification apparente* de la communication, c'est-à-dire rester à un niveau relativement superficiel de la conduite. Quant aux catégories, elles concernent la nature de l'interaction, non le contenu des échanges par rapport au thème de la discussion.

L'unité d'observation est comme le dit Bales « le plus petit segment de conduite verbale et non verbale distinguable, susceptible d'être classé en une seule catégorie ». *L'unité c'est la signification,* sachant qu'il est essentiel de ne pas oublier que Bales s'intéresse et catégorise l'ensemble des interactions *verbales et non verbales.*

1.4. Intérêts et limites

Même si elle est lourde à utiliser en situation d'observation directe (encore que l'on puisse utiliser des formules « réduites » de la catégorisation comme par exemple un système à quatre catégories : relations socio-émotionnelles positives et négatives, émission de propositions et demandes d'orientation), la catégorisation de Bales reste utile pour définir des profils (individuels ou collectifs) d'interventions, pour analyser la nature de l'évolution entre les membres du groupe pendant une réunion. Elle permet une quantification, la référence à des scores d'interaction sur les différentes dimensions. Elle a aussi une valeur pédagogique essentielle pour la formation des animateurs ou des observateurs de groupe. Elle permet de définir assez clairement des styles de leadership. C'est à partir de ce type d'outil que Bales a pu formuler sa *théorie des leaders complémentaires* dans les groupes de discussion : un leader centré sur la tâche, spécialisé en quelque sorte dans la fonction production et un leader « socio-émotionnel » régissant et régulant les échanges d'ordre affectif. C'est à partir des mêmes données qu'il formule également l'hypothèse d'une *régularité dans l'enchaînement des processus de groupe* de discussion : on observerait toujours la même séquence phase d'informations pour commencer, puis phase d'évaluation, phase d'influence et enfin phase de décision.

Mais cette méthode présente deux importantes limites, bien rappelées par Beauvois (1995, p. 145). En partant du codage des interactions entre personnes (le plus souvent entre deux personnes), « elle se condamne à négliger de nombreux aspects de la vie de groupe qui n'ont pas leur assise dans les relations interpersonnelles. Ainsi néglige-t-elle les statuts formels des divers membres du groupe. Ensuite, elle se condamne à ne traiter le groupe que sous la forme d'une somme de phénomènes, les processus liés au groupe comme totalité lui échappant. Ainsi un "profil de groupe" n'est-il rien d'autre qu'une somme de "profils individuels". »

2. L'approche socio-affective : la sociométrie

C'est en 1934 que paraît aux États-Unis l'ouvrage de Moreno qui présente la sociométrie à partir des travaux effectués par l'auteur dans des camps de personnes déplacées et une institution de jeunes délinquantes. Le succès de l'approche socio-affective fut immédiat et considérable. Dès 1936 paraît la *Sociometric revue* remplacée l'année suivante par *Sociometry* qui va constituer le vecteur essentiel de la diffusion des recherches sociométriques. Dès 1947, sous l'impulsion de Maucorps sont réalisées en France des interventions sur l'armée, puis sur les enfants d'écoles de la région parisienne. Le laboratoire de sociométrie au début des années 50 (Maucorps, puis Maisonneuve) s'intéresse, entre autres, aux « manifestations primaires du comportement social chez l'enfant et l'adolescent ». Le succès résulte de la double ambition de Moreno : découvrir les fondements de la dynamique d'un groupe et se doter d'un outil de mesure de cette dynamique. Moreno affirme, dans son fameux style messianique, que la sociométrie vise « la découverte du niveau profond des structures de la société et le changement de société basé sur les aspects dynamiques de ses structures. Il s'agit ni plus ni moins que de mettre en évidence les causes sous-jacentes, les structures psychologiques des phénomènes sociaux manifestes. »

Cet outil permettant l'étude objective des relations interpersonnelles devrait alors permettre d'intervenir et de modifier les comportements des groupes sociaux réels : la sociométrie se pose d'emblée comme un outil à visée empirique, au service de la transformation des groupes afin de leur assurer un fonctionnement plus harmonieux ou une meilleure performance.

2.1. Les deux notions de base

Notion de « télé »

C'est la plus petite unité de sentiment transmise d'un individu à un autre. Les individus sont reliés par trois « télés », trois types de relations de base possible : l'attirance (sympathie), la répulsion (l'antipathie) et l'indifférence. Ces relations sont conscientes et peuvent être verbalisées, à condition de trouver un mode de questionnement adéquat : ce sera le test sociométrique.

Notion d'atome social

Tout individu est à la fois émetteur et récepteur de « télés », de sentiments. Moreno définit alors ce qu'il appelle « la plus petite unité sociale vivante : l'atome social ». Ce dernier est constitué d'un individu et de l'ensemble des liens affectifs, positifs et négatifs, qui l'unit aux autres dans une situation donnée. C'est le noyau de relations qui s'est constitué autour d'une personne. Et ce sont les combinaisons d'atomes sociaux qui forment les structures sociales. Comme l'atome physique, l'atome social n'est pas visible à l'œil nu. Pour le découvrir il faudra utiliser une technique spécifique qui permettra de visualiser l'invisible : ce sera la sociométrie.

2.2. Principes de la technique

La méthode de recueil des relations socio-affectives est simple : il s'agit d'utiliser un questionnaire permettant à l'ensemble des membres du groupe d'exprimer les relations positives ou négatives qu'il entretient avec les autres. Chacun aura à exprimer des choix et des rejets concernant ses partenaires.

Le questionnaire sociométrique de base comprendra donc deux questions :

– Q1 : Avec qui préféreriez-vous vous trouver pour effectuer telle activité (choix) ?
– Q2 : Avec qui souhaiteriez-vous ne pas vous trouver pour effectuer cette activité (rejet) ?

À ces deux questions de base, Taguiri (1953) propose d'ajouter deux autres questions visant ce qu'il appelle la « perception sociométrique » et qui lui paraissent essentielles car aucun comportement interpersonnel ne saurait être compris sans connaissance de la manière dont la relation est perçue par les personnes qui y sont impliquées. « Un homme placé dans un groupe, y agit et réagit non pas selon son statut sociométrique réel, mais selon la position sociale qu'il croit être la sienne, selon la perception qu'il a des liens qui l'unissent aux autres » (Bastin, 1961, p. 12). Cette dimension effectivement essentielle va pouvoir être analysée grâce à *deux questions* complémentaires :

– Q3 : Par qui pensez-vous avoir été choisi ?
– Q4 : Par qui pensez-vous avoir été rejeté ?

La validité des réponses, comme le respect des règles déontologiques, supposent que soient remplies un certain nombre de conditions :

– il faut que le groupe ait un minimum de *passé commun* afin que les relations socio-affectives aient pu se mettre en place ;
– la technique doit être *proposée* au groupe et non imposée ;
– la *confidentialité* des réponses individuelles doit être strictement garantie : on ne transmet jamais au groupe les réponses de chacun de ses membres ;

– des *critères de choix* doivent être explicités (contrainte technique majeure) car les réponses données doivent avoir des conséquences concrètes, effectives et rapides. Cette *concrétisation* des résultats a pour objectif d'une part d'impliquer les individus dans leurs choix et d'autre part de les motiver à produire des réponses authentiques, compte tenu des conséquences effectives réelles : constitution de groupes de travail, de groupes de loisirs, répartition dans des dortoirs par exemple.

Le nombre de choix positifs et négatifs peut être limité ou laissé libre. Selon les objectifs, on peut demander de désigner deux, trois, quatre ou cinq personnes, mais la limitation réduit les possibilités d'analyse et le poids des indices sociométriques : on préfère généralement laisser chacun exprimer le nombre qu'il souhaite.

Le recueil des réponses individuelles au questionnaire peut s'effectuer en situation collective, si cette situation permet un réel anonymat. Quant aux questions posées, leur formulation doit être soigneusement étudiée pour éviter des réactions de rejet ou des blocages (c'est ainsi, par exemple, que l'on ne demande jamais « Qui rejetez-vous ? », mais plutôt « Avec qui souhaiteriez-vous ne pas vous trouver pour… ? »). Outil simple, le questionnaire sociométrique peut être appliqué à des groupes relativement importants (trente personnes).

2.3. Les indices sociométriques

Ils sont calculés à partir de l'analyse de la matrice sociométrique. C'est un tableau à double entrée dans lequel on fait porter les réponses de chaque membre (*cf.* figure 6). Cette matrice constitue l'outil de base de l'analyse sociométrique. Les informations qu'elle contient vont permettre de calculer dix indices sociométriques.

		Récepteurs				
		A	B	C	D	E
Émetteurs	A		✓	✓		0
	B	✓		0	✓	
	C	✓	0		✓	✓
	D		✓	0		✓
	E	0	✓	✓	0	

FIG. 6. Maîtrise sociométrique des choix (✓) et des rejets (0)

Indices socio-affectifs positifs

1) Nombre de choix reçus : il définit la *popularité* sociométrique. Un individu est d'autant plus populaire qu'il aura reçu un nombre élevé de choix positifs.

2) Nombre de choix émis : c'est *l'expansivité positive.*

3) Nombre de choix réciproques : il complète l'indice de popularité et témoigne du niveau *d'insertion positive* de l'individu dans le groupe.

Indices socio-affectifs négatifs

4) Nombre de rejets reçus : il définit le taux d'*exclusion.* On dira qu'un individu est d'autant plus exclu qu'il aura reçu un nombre de rejets importants.

5) Nombre de rejets émis : c'est *l'expansivité négative.*

6) Nombre de rejets réciproques : il complète l'indice d'exclusion. C'est un indicateur d'*insertion négative* dans le groupe.

Indices de perception sociométrique

7) Nombre d'individus par lesquels le sujet se croit choisi.

8) Nombre d'individus par lesquels le sujet se croit rejeté.

Ces deux indices permettent de connaître *l'image que chacun a de soi* dans le groupe. Ils peuvent également être comparés aux choix et rejets effectifs, indiquer le niveau de conscience de chacun quant à sa place dans le groupe. C'est *l'acuité perceptive.*

9) Nombre d'individus qui *se croient* choisis par le sujet.

10) Nombre d'individus qui se croient rejetés par le sujet.

Ces deux derniers indices permettent d'accéder à l'image que le groupe se fait de chaque membre. *C'est l'image de soi chez les autres.* Là encore peut être mesurée l'exactitude de ses prédictions. Plus l'image est proche de la réalité plus l'individu est *socialement transparent.* On peut donc ainsi mesurer le degré selon lequel l'individu suscite des impressions justes ou fausses chez les autres.

On voit toute la richesse informative de la sociométrie. De nombreux autres indices peuvent d'ailleurs compléter les dix que nous avons retenus. Parmi ceux-ci, un dernier nous semble intéressant qui concerne cette fois-ci non plus les individus mais le groupe lui-même. Il est basé sur le rapport nombre de choix réciproques/nombre de membres du groupe. On peut le considérer comme un indicateur de la *cohésion* du groupe.

2.4. Règles d'interprétation

Quatre règles fondamentales doivent guider et relativiser les interprétations. Elles concernent d'ailleurs aussi bien l'analyse des indices que celle des sociographes.

• *1re règle* : aucun indice ne doit être interprété *isolément.* Tous doivent être interprétés les uns par rapport aux autres, car ils ne fournissent, pris séparément, qu'un éclairage partiel de la réalité, et peuvent prendre une signification complètement différente rapportés à telle autre information.

• *2e règle* : tous les résultats sociométriques se rapportent à une *situation donnée.* Celle pour laquelle ont été effectués les choix. Ils pourraient être radicalement différents pour une autre activité. L'exclu dans le cadre de choix effectués pour constituer des groupes de travail peut parfaitement devenir l'individu le plus « populaire » pour déterminer des équipes de loisirs.

• *3e règle* : relatifs à une concrétisation, les résultats le sont aussi par rapport à la durée et au temps. La sociométrie indique la structure socio-affective d'un groupe effectuant une tâche T1 au temps T1.

• *4e règle* : on ne peut pas établir de parallélisme strict entre les indices sociométriques et des traits *caractériels.* La sociométrie n'est pas un test de personnalité les individus qu'elle décrit, la position qu'ils occupent dans la constellation socio-affective peuvent tout autant provenir de facteurs exogènes (type de tâche par exemple) que des caractéristiques propres au sujet.

2.5. Les sociographes

Les indices sociométriques, bien qu'extrêmement importants, sont centrés sur des analyses individuelles. La seconde phase de l'interprétation va donc s'intéresser à la structure socio-affective du groupe. Elle repose sur la construction de deux types de graphes, l'un individuel : l'atome social, l'autre collectif : le sociographe.

Le sociographe individuel

Il consiste à représenter graphiquement l'ensemble des relations réelles et imaginaires qui unissent un individu aux autres membres du groupe. Ce graphe correspond donc très précisément à ce que Moreno appelle « l'atome social » ; c'est l'unité de base qui fonde tout le système d'interactions du groupe (*cf.* figure 7). Il peut être plus ou moins complété selon la volonté du chercheur dans l'exemple présenté ci-après, ne figurent pas par exemple (pour des raisons de simplification typographique), les réponses concernant la perception sociométrique.

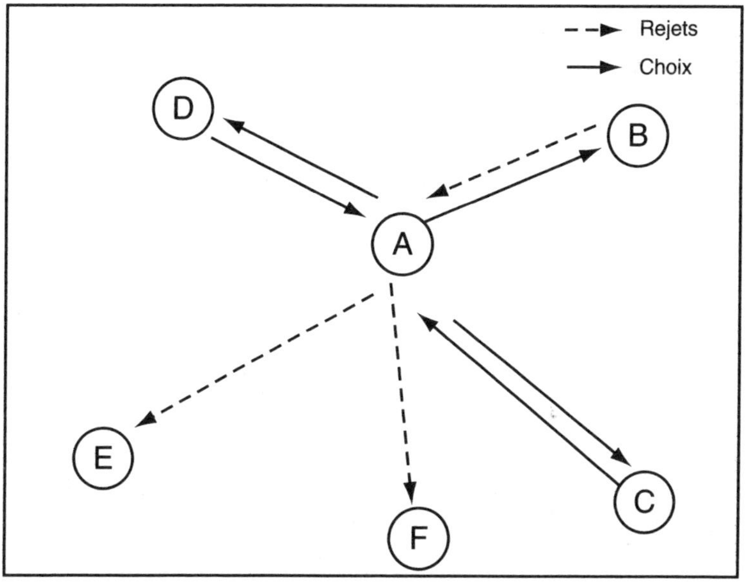

FIG. 7. Exemple de sociographe individuel du sujet A : l'atome social

Le sociographe collectif

C'est la représentation graphique de l'ensemble des relations socio-affectives qui existent dans le groupe. C'est le résultat le plus intéressant de la sociométrie. Il révèle la structure socio-affective du groupe à un moment donné pour une situation donnée, c'est-à-dire la place qu'occupe chaque individu dans la structure et la nature même de cette structure. La construction du sociographe se réalise progressivement. On commence généralement par construire le sociographe des choix, puis on le complète par celui des rejets. Nous présentons dans la figure 9 un exemple de sociographe qui va nous permettre de déterminer les informations essentielles que donne l'analyse de ce type de graphe.

• *1re étape : analyse du sociographe des choix* (figure 8)

– Existence d'un *leader sociométrique* : c'est l'individu A qui se définit par deux caractéristiques : il est le plus populaire et il occupe par ailleurs dans le groupe une position particulière c'est autour de lui que s'organise la structure dominante du groupe (7 personnes sur 14). C'est l'existence conjointe de ces *deux* qualités qui permet de poser l'hypothèse d'un leader sociométrique. Car la seule popularité ne suffit pas à faire d'un individu un leader. Si le leader est toujours populaire, un populaire n'est par forcément leader.

– Existence d'une *dyade sociométrique* (M-N) : elle est constituée par deux individus qui se choisissent mutuellement à l'exclusion de toute autre relation avec le reste du groupe.

– Repérage d'une *clique sociométrique* (J-K-L) : trois personnes (ou éventuellement plus) qui se choisissent réciproquement et sans relation avec les autres. C'est un sous-groupe cohésif.

– Existence de deux *isolés* (I et H) : individus n'émettant ni ne recevant aucun choix.

L'analyse du sociographe des choix permet donc déjà de repérer un certain type d'organisation et des configurations spécifiques. Mais on reste au niveau d'hypothèses car manquent des informations essentielles ; De quel type de leader s'agit-il ? Quelle est la nature réelle des dyades et cliques ? sont-elles opposantes, isolées, rejetées ? De quel type d'isolés s'agit-il : d'indifférents ou d'exclus ?

• *2e étape : intégration du sociographe des rejets* (figure 9)
On va donc compléter les informations disponibles pour l'analyse des relations négatives dans le groupe. Dans le cas présent, cet apport va nous permettre d'avancer dans la connaissance du groupe :

– Confirmation du *leadership* sociométrique exercé par A : il ne reçoit en effet aucun rejet. Il unit des individus (B et D) en opposition, jouant ainsi un rôle de « ciment du groupe ».

– *La dyade* M-N ne reçoit aucun jugement négatif. Elle est donc bien *isolée* mais sans être pour autant exclue du groupe.

– Par contre, *la clique* (J-K-L) est dans une position de clique *rejetée*, elle est dans une position d'autant plus délicate que rejetée par certains membres, elle l'est aussi par le leader sociométrique. Mais on peut remarquer également dans la clique la position particulière de l'individu (L) : il ne reçoit ni n'émet aucun rejet. Une intégration de la clique dans le groupe pourrait donc probablement être réalisée par son intermédiaire.

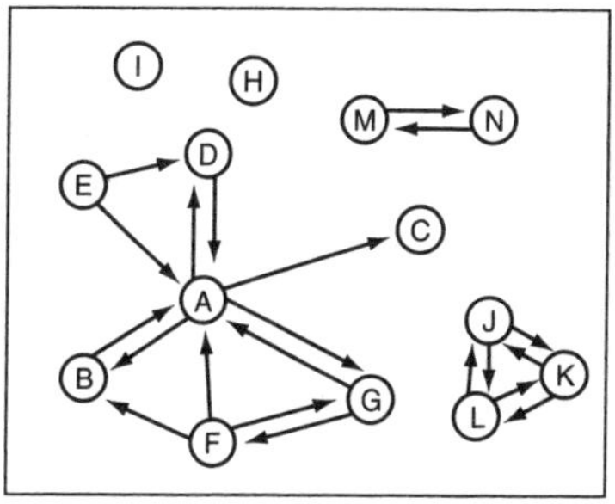

1re étape : Sociographe des choix

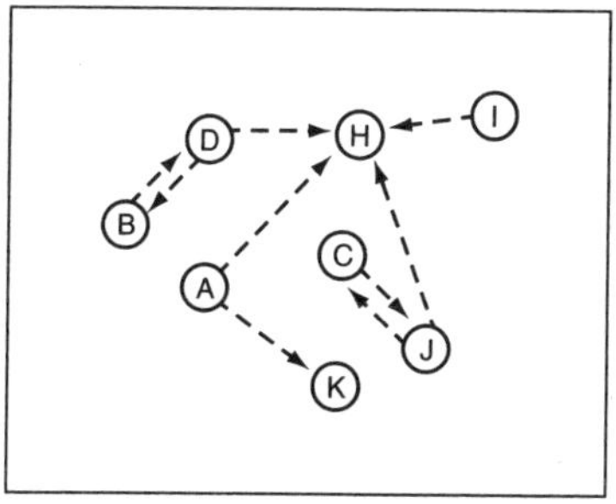

2e étape : Sociographe des rejets

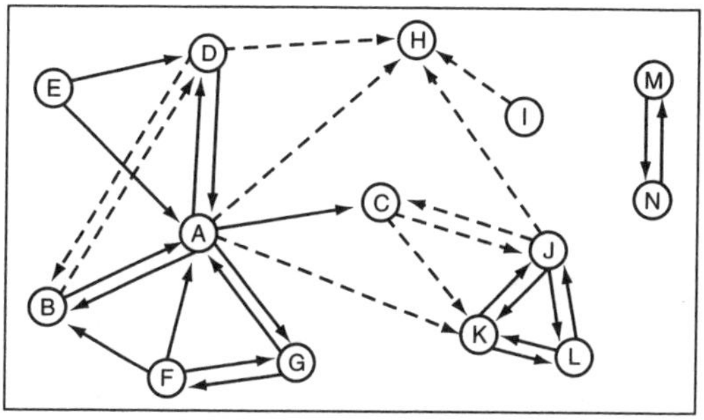

Étape finale : Sociographe des choix et des rejets

Fig. 8 et 9. Construction d'un sociographe

– Le statut des deux isolés repérés à partir des choix est très différent dès que l'on intègre les rejets : *I* est certes isolé, mais il n'est jamais rejeté ; c'est un *isolé vrai. H,* par contre, n'est pas isolé, il reçoit un nombre important de rejets : c'est un *exclu sociométrique.*

On pourrait ainsi poursuivre l'analyse en intégrant les réponses aux autres questions : voir par exemple si le groupe est conscient ou non de son fonctionnement socio-affectif.

L'intérêt des sociographes est donc d'offrir une photographie à un instant de l'état des relations socio-affectives positives et négatives. Mais leur limite est importante : la sociométrie, en effet, met à jour des processus et des structures mais elle ne les explique pas. Elle permet tout au plus de formuler des hypothèses.

Le sociographe est par ailleurs toujours partiel. Il n'aborde qu'une des facettes des relations du groupe : celle liée à l'activité qui est le support du questionnaire. La connaissance complète d'un groupe supposerait donc que soient réalisés plusieurs sociographes, correspondant aux différentes activités auxquelles le groupe est confronté. Il existerait ainsi, d'après les travaux d'H. Jennings, au moins deux grands types de structures socio-affectives dans les groupes : l'une correspondant à des choix de type fonctionnel : les « Sociotele », l'autre a des choix affectifs ou intimes : les « Psychotele ». Dans ses travaux aux États-Unis, Jennings observe que le regroupement entre ces critères est de seulement 15 %. Maisonneuve en France trouve une plus grande stabilité des choix : 45 % de recoupements entre les différents sociographes.

2.6. Les applications de la sociométrie

Pour des raisons difficiles à comprendre, l'âge d'or de la sociométrie semble passé : jusqu'à la fin des années 60, elle apparaissait comme un outil essentiel dans l'arsenal psychosociologique. Elle est aujourd'hui assez peu utilisée. Pourtant ses applications sont nombreuses et l'histoire a montré son efficacité. Elle a toujours un double intérêt :

– connaître les soubassements socio-affectifs d'un groupe réel, qui échappent en général à l'observation directe ;

– permettre une action, une intervention sur le groupe qui tienne compte de son organisation interne pour améliorer son fonctionnement améliorer sa cohésion, reconstituer des équipes homogènes.

Le premier grand secteur d'application concerne donc la pédagogie, le « groupe classe ». Elle constitue un élément important pour le formateur dans son action de régulation et d'animation de sa classe, elle constitue un appoint intéressant pour toutes les pédagogies actives fondées sur le groupe. C'est d'ailleurs de ce secteur qu'est issue la sociométrie : c'est dans l'institution Hudson à New York que Moreno élabora en 1930 la technique sociométrique.

Le deuxième secteur d'application, probablement aussi le plus célèbre historiquement, est l'armée, et par extension, l'entreprise, c'est-à-dire deux secteurs où la nécessité de constituer des équipes homogènes est fondamentale dans l'amélioration des performances. Ce sont d'ailleurs les travaux de Jenkins (1948), réalisés dans l'armée de l'air américaine auprès des équipages de bombardiers, qui sont les plus connus et ont eu le plus grand retentissement médiatique. Jenkins a pu mettre en évidence grâce à la sociométrie que les performances des équipes de bombardement (constituées de 19 personnes dont 2 officiers) étaient directement liées à leur structure socio-affective. Les escadrilles performantes émettent beaucoup plus de choix que de rejets, et ces choix portent toujours sur des membres de l'équipe, ils sont concentrés sur les deux officiers, les rejets s'adressent à des personnes extérieures au groupe lui-même. Aucun sous-groupe isolé n'apparaît. C'est l'inverse dans les équipages peu performants : beaucoup de rejets (autant que de choix) dont celui d'un officier, des choix positifs nombreux de personnes extérieures au groupe, l'existence de deux sous-groupes rejetés. Cette étude a été à l'origine de tout un courant de psychologie industrielle utilisant la méthode sociométrique comme outil de management, avec des résultats parfois spectaculaires tels ceux obtenus par Van Zelst à Chicago (1952) qui obtient grâce à l'utilisation de la sociométrie une diminution de 91 % du turn-over et une réduction du prix de revient de l'ordre de 5 %.

Enfin, le dernier champ d'application de la sociométrie concerne les activités nécessitant un diagnostic : de l'intervention dans une organisation aux recherches sur la dynamique de groupe. C'est ainsi d'ailleurs qu'a pu être mis en évidence un phénomène très intéressant dans une institution ou un groupe social donné, le cheminement de l'information et des rumeurs suit très précisément la structure socio-affective du groupe.

Troisième partie

Approches expérimentales des phénomènes de groupes

Chapitre 8

Communication et influence sociale

Si la communication est un moyen éventuel pour promouvoir des relations sociales et interindividuelles harmonieuses, elle est aussi une source de pression, d'influence et de manipulation. Nous allons donc aborder maintenant le thème de la communication avec une question nouvelle : quelles sont les conséquences de la communication sur le fonctionnement, les comportements et les prises de positions des individus ? Plus précisément, comment la communication influence-t-elle les personnes et les groupes ? Ce thème de l'influence sociale est l'un des thèmes majeurs de la psychologie sociale. Pas moins de sept chapitres lui sont consacrés dans le dernier manuel de psychologie sociale paru en français (*cf.* Mugny, Oberlé et Beauvois, 1995). L'objectif de ce chapitre sera beaucoup moins ambitieux. Il s'agira de présenter les recherches princeps, celles qui constituent encore aujourd'hui les fondements essentiels des connaissances sur ce thème. Toutes ces recherches ont deux points communs :

1) elles sont toutes basées sur l'étude des changements obtenus, soit dans les jugements, soit dans les comportements des individus, en leur faisant connaître le point de vue ou le comportement d'autres personnes. Il s'agit donc bien d'étudier l'effet de la communication dans les processus d'influence ;

2) toutes utilisent la méthode expérimentale, ce qui donne à leurs résultats une valeur scientifique incontestable.

1. L'approche expérimentale de l'influence

Les recherches que nous allons présenter maintenant correspondent à un ordre chronologique – des premières recherches du début du siècle à celles encore en cours actuellement – mais aussi à la prise en compte de situations collectives de plus en plus complexes de la simple référence à un groupe (Moore) à sa présence effective dans une situation simple (Sherif), puis du groupe divisé (Asch) à un groupe soumis à une autorité (Milgram), enfin aux analyses – encore au cœur des préoccupations actuelles de la psychologie sociale – des processus souterrains associés au rôle des minorités.

2. Information et influence : l'Autre absent

Dès 1900, A. Binet avait déjà remarqué que lorsqu'un sujet A entend la réponse d'un sujet B, avant de répondre lui-même, il a tendance à donner la même réponse que B. Qu'il analyse ce phénomène comme une simple imitation ou qu'il l'attribue à un processus de suggestion, le fait est avéré : les individus sont influencés par les points de vue exprimés par les autres. C'est Moore qui en 1921 va réaliser la première recherche expérimentale sur l'influence d'une information en provenance de la majorité sur le jugement des individus.

2.1. L'expérience de Moore (1921)

Elle consiste à proposer aux sujets de formuler des jugements personnels concernant trois types d'objets, définissant ainsi trois types de tâches :

– jugements grammaticaux : juger parmi un ensemble de couples de phrases celle qui, à leur avis, est la plus correcte grammaticalement ;
– jugements moraux : désigner parmi des traits de caractère celui qu'ils jugent le plus acceptable moralement ;
– jugements esthétiques : parmi un ensemble de morceaux de musique, juger celui qui, à leur avis, est le mieux exécuté.

Ces trois types d'objets se différencient par l'importance des règles sociales pour chacun : règles sociales intransgressibles et indiscutables, donc très fortes, pour les règles grammaticales. Règles sociales moins fortes pour les jugements moraux, où une part de positionnement personnel est possible. Règles sociales faibles pour les jugements esthétiques où la part de jugement personnel peut être prépondérante.

Les sujets effectuent l'ensemble des jugements une première fois puis une deuxième fois deux jours après : cette double mesure permet de contrôler la stabilité des jugements. Après quelques semaines, les mêmes sujets sont reconvoqués et effectuent une troisième série de jugements sur un matériel parallèle. Enfin, deux jours plus tard, ils effectuent sur les mêmes objets un quatrième jugement. Durant cette phase est introduite la variable indépendante qui définit les trois conditions expérimentales :

– on informe – avant qu'ils n'émettent leur jugement – certains sujets des choix effectués par la *majorité* de leur groupe ;
– à un deuxième groupe de sujets, on donne une autre information, celle des choix effectués par des *experts* ;
– le troisième groupe est le groupe contrôle aucune information préalable ne lui est donnée.

Moore va donc étudier l'effet d'une information et de sa source sur les changements éventuels d'opinion. Les résultats qu'il obtient sont particulièrement spectaculaires (*cf.* tableau 4).

TABLEAU 4. Pourcentage des changements d'opinion entre les phases 3 et 4

Conditions expérimentales	Phrases	Traits de caractère	Musique
Groupe CONTRÔLE	13 %	10 %	25 %
InF. MAJORITÉ	62 %	50 %	48 %
InF. EXPERTS	48 %	48 %	46 %

Le fait de donner aux sujets une information sur des jugements émis par d'autres personnes – membres de leur groupe ou de compétence reconnue – entraîne un changement massif d'opinion, toujours dans le sens des informations reçues et ceci quelle que soit la nature du jugement émis ou l'objet jugé.

Cette influence forte est d'ampleur différente :

– quand on touche des domaines où les normes sociales sont très fortes (grammaire), l'influence de la majorité est maximale et significativement plus importante que dans les autres situations. 62 % des individus informés du choix de la majorité changent leur jugement pour se rallier au point de vue majoritaire ;

– dans cette situation, l'influence de la majorité est plus importante que celle des experts (qui n'entraînent, eux, que 48 % des changements).

La communication d'informations a donc bien une influence considérable sur les jugements émis par les individus. De plus, dans les situations à très forte norme sociale, la norme du groupe d'appartenance (le point de vue majoritaire) est plus importante pour les sujets que la norme « technique » représentée par le point de vue des experts. Moore interprète ce résultat comme la manifestation explicite d'un renforcement social, le conformisme produisant généralement des réactions positives dans les situations de la vie courante.

2.2. L'expérience de Asch (1940)

Souhaitant fournir une explication différente de celle de Moore, Asch élabore une recherche dont le dispositif a été repris et les résultats confirmés par Flament (1958). Les sujets ont à effectuer des classements et des jugements sur dix professions et sur plusieurs critères : intelligence, utilité sociale, conscience professionnelle, idéalisme, stabilité du caractère. La manipulation qui nous intéresse ici porte sur les jugements concernant l'homme politique : Asch informe les groupes expérimentaux des résultats obtenus par une enquête réalisée auprès de 500 de leurs camarades (il s'agit d'étudiants). On constate que les jugements émis par les sujets expérimentaux sont fortement influencés par l'information qui leur a été donnée concernant l'avis majoritaire de leur groupe d'appartenance. Quand cet avis est très positif, les sujets émettent eux-mêmes des jugements positifs et, inversement, ils sont très négatifs quand ils pensent que leurs 500 camarades le sont eux-mêmes. Les résultats sont donc strictement identiques à ceux de Moore.

Mais Asch complète son expérimentation par une phase d'interviews où il interroge les sujets sur les raisons de leurs choix. Il découvre alors que les sujets qui ont été confrontés à l'information majoritaire « favorable » ont associé l'idée d'homme politique à celle de grands hommes d'État comme Roosevelt. Par contre, ceux confrontés à un point de vue négatif ont fonctionné sur d'autres associations du type homme politique-politicien de clocher. Selon l'information reçue, il y a donc *réorganisation cognitive* de la part des sujets. L'information reçue génère un processus de structuration cognitive de l'objet à juger. « Le changement d'opinion a un caractère rationnel : le sujet rétablit la cohérence de son univers en réinterprétant de façon logique à la lumière de l'opinion d'autrui, la signification du matériel à évaluer : il y a restructuration cognitive de l'objet » (Flament, 1958, p. 187). L'information reçue ne détermine pas le jugement lui-même, elle transforme en quelque sorte l'objet concerné.

3. Information et création de normes en groupe (Sherif, 1936)

Dans les expériences précédentes, les sujets n'étaient pas confrontés directement à d'autres partenaires. Les « Autres » dont il était question étaient physiquement absents et néanmoins, comme on l'a vu, leur influence était très importante. Qu'en est-il dans les situations d'interaction effective mettant en présence plusieurs individus ? Comment ces individus vont-ils traiter les informations reçues des autres ? C'est à ces questions que va répondre la célèbre expérience de Sherif sur l'effet autocinétique.

L'effet autocinétique est bien connu – depuis l'Antiquité – et en particulier en astronomie : tout individu placé dans l'obscurité absolue et à qui l'on présente un point lumineux *fixe* va percevoir un déplacement de ce point lumineux. Cet effet se produit chez tous les individus, aussi bien dans une pièce qu'en plein air. La nature du déplacement et son ampleur varient de manière considérable d'un individu à l'autre et chez un même individu selon le type de point présenté. L'effet autocinétique offre donc une situation objectivement indéfinie, sans base de comparaison avec d'autres situations, dans laquelle n'existent pas de bonnes ou de mauvaises réponses. L'utilisation par Sherif de l'effet autocinétique va lui permettre de répondre à deux types de questions, l'une concernant le fonctionnement individuel, l'autre concernant des situations collectives.

• *Première question*

« Que fera un individu placé dans une situation objectivement indéfinie dans laquelle il n'y a aucune base de comparaison ? Que fera-t-il lorsque le cadre externe de référence aura été éliminé ? Émettra-t-il des jugements extravagants ? Ou bien établira-t-il un point de référence propre ? » (Sherif, 1965, p. 222). Dans une première expérience, 19 sujets placés dans une pièce obscure vont avoir à émettre plusieurs séries de cent évaluations échelonnées sur plusieurs jours. Dans cette condition individuelle on obtient dans un premier temps des réponses extrêmement différentes. Mais petit à petit la variabilité diminue pour se stabiliser autour d'une valeur et d'un écart de variation spécifique à chaque sujet. La réponse à la première question est donc claire : en l'absence de point de référence extérieur, le sujet s'est donné un point de référence subjectif, c'est-à-dire une norme. Chaque nouvelle évaluation va s'effectuer par rapport à ce point de référence et à l'écart de variation que l'individu a élaboré dans les premières présentations. Cette *norme* subjective se maintient dans le temps. Elle est utilisée par le sujet les jours suivants, avec d'ailleurs une réduction des écarts de variation autour d'elle.

• *Deuxième question*

« Que fera un groupe de personnes placées dans la même situation indéfinie ? Les différents membres du groupe établiront-ils un cadre de référence collectif ? » Les sujets sont alors placés en situation collective (groupes de deux ou de trois) et chacun donne son évaluation oralement. Deux conditions expérimentales sont mises en œuvre : soit les sujets commencent par une série de 100 évaluations individuellement, puis réalisent trois séries en groupe, soit ils commencent par les trois séries en groupe pour finir par la série individuelle.

– Quand les sujets arrivent après le travail solitaire, les normes individuelles de chacun apparaissent évidemment immédiatement dans le groupe. Mais très rapidement apparaît un phénomène remarquable et général : les évaluations personnelles très différentes convergent vers une estimation commune. Il s'établit une norme collective (*cf.* figure 10).

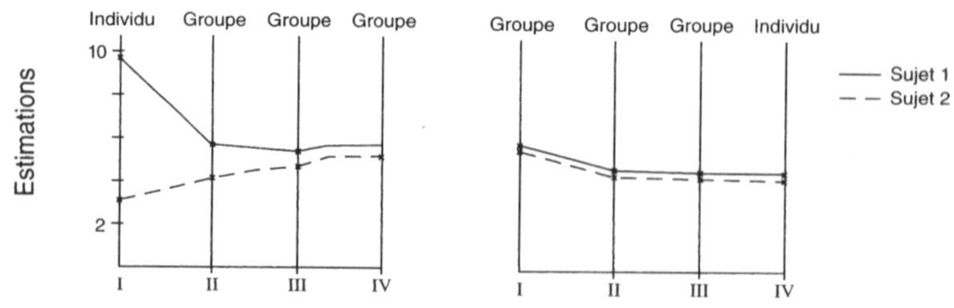

FIG. 10. Exemples d'évolution des réponses des sujets de l'expérience de Sherif (*in* Sherif, 1965, p. 230)

– Dans les conditions où les sujets commencent en groupe, apparaît également très rapidement une norme collective. Le résultat intéressant ici concerne la quatrième phase, celle où chacun se retrouve en situation isolée et produit des évaluations individuelles. Ces évaluations restent très proches de la norme établie précédemment en groupe. Autrement dit, la norme établie en groupe est puissante et stable, elle reste le point de référence des individus même après la dissolution du groupe.

Ces résultats de Sherif sont essentiels. Ils témoignent que l'établissement d'une communication – même minimale – entre deux individus confrontés à une même tâche génère de puissants processus sociocognitifs, débouchant sur l'établissement de points de repères communs – c'est-à-dire de normes – spécifiques à chaque groupe. Car cette norme n'est pas une valeur centrale ou la moyenne des positions individuelles. C'est une valeur différente, propre à chaque groupe et liée à son organisation et sa propre dynamique, prouvant ainsi la spécificité du groupe et de ces processus comme l'énonce fièrement Sherif (1965, p. 233) : « Le fait que la norme ainsi établie soit propre au groupe indique qu'il existe une base psychologique réelle aux affirmations des psychologues sociaux et des sociologues qui maintiennent que des qualités nouvelles et supra-individuelles surgissent dans les situations de groupe. »

Si l'émergence de normes en situation de groupe, découverte par Sherif et maintes fois reconfirmée depuis, est incontestablement un processus essentiel du fonctionnement des groupes, l'explication de ce processus reste très controversée. Allport, dès 1924, avait discerné un phénomène proche dans des situations collectives et jugements de poids ou d'odeurs. En présence d'autrui, les réponses individuelles changent dans le sens d'une modération, les réponses extrêmes disparaissent, rapprochant ainsi les différents jugements. Allport explique ce phénomène par la crainte du désaccord en groupe : l'interaction se développerait sur la base de « concessions réciproques ». Dans une perspective assez proche, Moscovici et Ricateau (1972) analysent l'influence comme un processus permettant d'éviter les conflits. Les normes collectives seraient ainsi le moyen d'une part d'assumer le bon fonctionnement interne du groupe et d'autre part de lui permettre ainsi de se maintenir. On retrouverait ainsi le type d'explication que nous avons présenté à propos de l'évolution du groupe de diagnostic. La norme réduit le conflit, elle permet éventuellement de le gérer et de l'arbitrer, elle est bien l'un des éléments essentiels de la dynamique d'un groupe. Le fait qu'elle apparaisse dans cette situation d'interaction minimale que constitue le jugement autocinétique ne peut que renforcer ce point de vue.

4. Le conformisme en groupe (Asch, 1951, 1956)

Cette expérience de Asch est probablement l'expérience de psychologie qui a connu le plus grand retentissement, donné lieu au plus grand nombre de réplications et amené le plus grand nombre de commentaires et de développements théoriques. Elle consiste à étudier le comportement d'un sujet confronté à un groupe unanime en désaccord avec lui. La situation expérimentale est très simple.

4.1. Le dispositif expérimental

Des groupes de 7 à 9 individus sont convoqués au Laboratoire pour participer – leur dit-on – à une recherche sur les mécanismes perceptifs. La tâche est très simple. On leur présente des séries de deux cartons. Sur le carton de gauche (*cf.* figure 11) est dessinée une ligne verticale, appelée « ligne étalon ». Sur celui de droite figurent trois lignes verticales différentes, dont la ligne étalon. Il s'agira d'indiquer quelle est celle des trois lignes qui correspond à la ligne étalon.

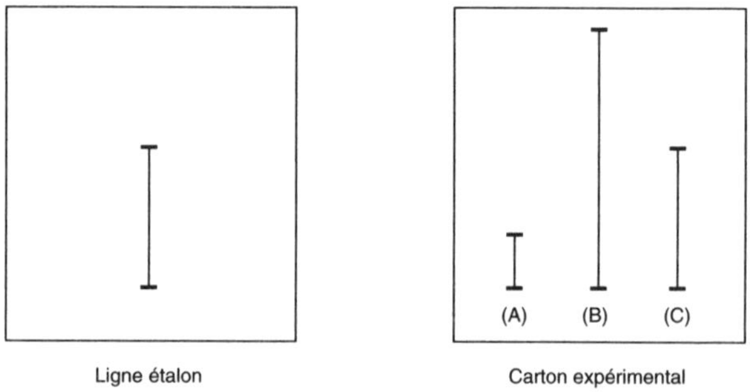

Fig. 11. Matériel de l'expérience de Asch (1951)

Contrairement à la situation de Sherif, il n'y a ici aucune incertitude car il y a évidence perceptive : dans une situation contrôle tous les sujets donnent 100 % de bonnes réponses.

La situation apparente cache une manipulation importante. En effet, dans le groupe de huit personnes figurent sept compères de l'expérimentateur. Il n'y a donc dans la situation, qu'un seul vrai sujet, un sujet naïf à qui un tirage au sort truqué affecte toujours l'avant-dernière position dans le tour de parole du groupe. Quand notre sujet naïf aura à donner son avis, six autres membres du groupe se seront exprimés avant lui (le sujet naïf n'a pas été placé en dernière position pour éviter d'éveiller des soupçons sur l'expérience et le tirage au sort). Les groupes ont à effectuer 18 jugements. La situation se déroule sans problème : aux deux premiers essais tout le groupe donne les bonnes réponses. Mais voilà qu'arrive le troisième essai, qui constitue le premier essai « critique » (il y en aura 12 sur les 18).

Tous les compères qui s'expriment, rappelons-le, avant le sujet, donnent alors une réponse fausse, perceptivement aberrante. Ce qui va nous intéresser, c'est le comportement du sujet naïf dans ces situations où il est confronté à un conflit d'ordre socio-cognitif. Son évidence perceptive est totale et il connaît la bonne réponse mais l'ensemble du groupe est en désaccord avec lui.

Les résultats obtenus par Asch en 1956 confirment en tous points ceux obtenus cinq ans plus tôt. Alors qu'en situation de contrôle seuls deux des 37 sujets font des erreurs (vérifiant ainsi la non-ambiguïté des stimuli), on observe *36,8 % d'erreurs* lorsque les sujets sont confrontés à l'ensemble d'un groupe dans l'erreur. Le nombre moyen d'erreurs (sur 12 erreurs possibles) qui est de 0,08 en contrôle passe à 4,41 en situation expérimentale. Sur les 123 sujets expérimentaux seuls 29 ne se sont jamais laissés influencer et n'ont donc jamais commis d'erreurs, soit seulement 23 % de sujets qui résistent effectivement à l'influence du groupe. Par contre, *32 % des sujets donnent de fausses réponses* à plus de la moitié des essais.

On constate donc une très forte tendance au conformisme dans la situation décrite mais aussi de très fortes variations individuelles. Certains sujets ne se conforment jamais, d'autres beaucoup plus, d'autres toujours. Toujours est-il que l'effet Asch met en évidence que, dans une situation où des sujets isolés sont confrontés à une majorité unanime, le taux d'influence sociale oscille autour de 32 %. Dans une situation sans enjeu, parfaitement claire du point de vue de l'exactitude, un nombre très important d'individus choisit de donner une fausse réponse plutôt que de se démarquer d'un groupe qui pourtant ici ne représente rien pour eux.

4.2. Rôle de l'unanimité

Si, dans l'une des conditions expérimentales, on introduit un second sujet naïf (en quatrième position), le taux d'influence passe de 32 % à 10,4 %. L'isolement du sujet dans le groupe est donc un facteur essentiel dans le développement du conformisme. Résultat confirmé par Asch lui-même dans une autre variante de son expérience. Si l'on demande à l'un des compères qui s'exprime avant le sujet naïf de donner systématiquement la bonne réponse, le taux d'influence chute encore et passe à 5,5 %. Ce que démontrent donc les travaux de Asch, ce n'est pas l'effet de la majorité mais celui de l'unanimité : c'est l'unanimité du groupe qui détermine le conformisme de ses membres, la disparition de cette unanimité restituant aux individus leur libre arbitre dans la situation.

4.3. Rôle de la taille du groupe

On pourrait faire l'hypothèse que plus nombreux sont les membres du groupe unanimes à donner une fausse réponse plus grande est la pression au conformisme exercée sur l'individu et donc plus efficace l'influence sociale. Certains des résultats de Asch (1956) prouvent qu'il n'en est rien : l'effet de conformisme est obtenu à son taux maximum dès que le sujet naïf est confronté à trois compères (*cf.* tableau 5).

Tableau 5. Rôle de la taille du groupe sur le taux d'influence sociale (*in* Asch, 1956)

Taille de la majorité (nombre de compères)	1	2	3	4	5	6
Taux d'erreurs	0,33	1,53	4,00	4,20	3,83	3,75

Confronté à un seul compère, le sujet peut estimer que la réponse aberrante de ce dernier s'explique par des caractéristiques propres au sujet (mauvaise vision, mauvaise compréhension de la consigne par exemple). Raisonnement déjà plus difficile à tenir face à deux réponses identiques, d'où une certaine augmentation de l'influence. Mais l'effet apparaît réellement avec trois compères, c'est-à-dire précisément avec l'existence non plus d'individus mais *d'un groupe.* C'est bien le groupe qui génère l'influence et non pas la taille de ce groupe.

4.4. Rôle de l'autorité

On peut cependant augmenter considérablement ce taux d'influence en jouant non pas sur le nombre mais sur le renforcement par une personne de statut reconnu par les sujets. C'est ainsi que Luchins (1955) montre que si l'expérimentateur renforce les réponses aberrantes de trois compères en les approuvant, le taux d'influence atteint alors des sommets : 62 %.

4.5. Les erreurs de compromis

Une dernière condition expérimentale permet d'éclairer la nature des processus. Dans cette situation les réponses des compères sont extrémisées, c'est-à-dire qu'ils choisissent la réponse la plus aberrante parmi les deux possibles. On observe alors un comportement intéressant des sujets conformistes l'ampleur de l'erreur est telle qu'ils ont du mal à suivre le groupe. Mais cela ne les amène pas pour autant à donner la bonne réponse : ils choisissent la réponse fausse mais intermédiaire. Face à l'ampleur de la contradiction et confrontés à la pression du groupe, ils choisissent *les solutions de compromis,* ménageant ainsi selon l'expression populaire à la fois « la chèvre et le chou ». L'influence subie n'est pas un processus aveugle mais une démarche quasi rationnelle pour sortir de la contradiction.

Les réflexions d'un sujet de l'expérience

« Ça va être du gâteau j'ai de très bons yeux. Je me demande bien ce qu'il veut essayer de prouver. Ça y est : il place la première série de cartes. Pas de problème, c'est la ligne 2 qui est la bonne. Voyons ce que le premier type va dire. Évidemment, il dit "ligne 2". Naturellement tout le monde est d'accord. C'est mon tour maintenant – "ligne 2". Le premier type est d'accord aussi. Nous sommes tous d'accord. Bon, voici la seconde série de cartes. Là aussi c'est du tout cuit : c'est la ligne 1. C'est juste, nous sommes tous d'accord. La troisième série maintenant. C'est la ligne 3. C'est la plus facile… Quoi ? Qu'a dit le premier type ? Il ne peut pas avoir dit ligne 2, elle est bien trop longue. J'ai pas dû bien entendre. Le deuxième type dit aussi "ligne 2". Que se passe-t-il ? Est-ce que je vois des trucs, est-ce que j'entends des trucs ? Peut-être que je penche la tête ? Non. Quelle que soit la façon dont je regarde, il me semble toujours que c'est la ligne 3. Le quatrième type vient de dire 2. Du calme, t'en fais pas, ça doit pouvoir s'expliquer. C'est peut-être à cause de l'endroit où je suis assis. Mais le type devant moi est assis dans le même angle et il dit 2. Le cinquième et le sixième type ont dit 2 aussi ! Est-ce que ce ne serait pas une illusion d'optique ? Peut-être qu'ils voient des choses que je ne vois pas. C'est mon tour. Qu'est-ce que je vais bien pouvoir dire ? Je sais que je suis dans le vrai, mais ils vont penser que je suis une espèce de débile si je ne suis pas d'accord avec eux. Ils ne peuvent pas tous avoir tort. Ou plutôt si c'est possible. Peut-être qu'ils s'amusent tous à suivre le premier. Oui, c'est bien ça ! Le premier s'est trompé et ils le suivent tous comme des moutons. Mais pourquoi ? Et moi, que vais-je faire là dedans ? C'est complètement dingue ! Bon, c'est mon tour. Je ferais mieux de dire ce que je pense – ligne 3. Silence consterné. Ils doivent sûrement penser que je suis cinglé. Mais que puis-je ? Je dois dire ce que je vois. Ce n'est pas aussi facile que je pensais, même si la ligne 3 semble la bonne, ou si elle est vraiment la bonne. Le dernier type dit la même chose que les autres. Je suis sûr que je me serais senti mieux s'il avait été d'accord avec moi. Il faut que je demande au type qui dirige tout ça de quoi il retourne. Je fais peut-être quelque chose de travers. Mais non, il dit que je fais ce que je suis censé faire. Voyons voir ce qui va se passer au prochain essai. Nous y sommes : pas d'erreur possible : c'est la ligne 1. Voyons ce que dit le premier type. Il dit 2. C'est bien ce que j'ai cru entendre. C'est trop fort : l'un de nous est timbré. Le second type dit aussi 2 ! Ça y est : ça recommence ! Mes mains commencent à trembler. Je voudrais bien un verre d'eau. Ils doivent avoir raison, mais comment est-ce possible puisque je ne vois pas la même chose ? Il n'y a pas deux solutions : ils ont ou tort ou raison. Ils commencent à me regarder comme si j'étais givré. J'aimerais bien avoir une règle pour mesurer ces lignes, je saurais alors vraiment qui a raison et qui a tort. Je pourrais prouver ce que j'avance. Qu'est-ce qu'ils vont encore dire ? Le troisième type dit 2. Je vais encore me faire remarquer comme un merle blanc. Je devrais peut-être me fondre dans la foule. Quelle importance ? Ce n'est qu'une expérience, de toutes façons. Je ne peux pas, je dois donner la bonne réponse. Je suis sûr qu'ils ne m'adresseront plus la parole quand ce truc sera fini. De ma vie je n'ai été si mal à l'aise. Je me suis toujours fié aux autres. Mais comment est-ce possible ici ? J'ai toujours pensé que les autres voyaient les choses de la même façon que moi. Ils ont peut-être raison et c'est moi qui vois mal. Si je dis « ligne 1 », je pourrais avoir tort et je serais alors vraiment mal barré. Mais s'ils ont tort et si je me mets d'accord avec eux, nous aurons tous tort ensemble et ce n'est peut-être pas plus mal. C'est mon tour. Que dire – "ligne 2 !". Voilà, je l'ai dit. Ils ont l'air content maintenant et je me sens un petit peu mieux. »

Source : Jones et Gérard, 1967, p. 388.

4.6. Éléments d'analyse influence informationnelle et influence normative

Comme nous le signalions auparavant, la position des sujets dans l'expérience de Asch peut être analysée en termes de conflit sociocognitif.

Conflit cognitif tout d'abord : l'individu vit une contradiction entre sa propre perception et celle du groupe. Or son expérience individuelle et sociale – base de son développement et de son intégration – lui a appris en situation d'ambiguïté à utiliser les informations en provenance des autres pour trancher. Il est donc soumis à un premier type d'influence, celle que Deutsch et Gérard (1955) qualifient de *dépendance informationnelle.* Mais conflit social d'autre part. Le maintien dans un groupe est toujours associé au respect des normes qui régissent ce groupe. Il est donc soumis, s'il veut rester dans ce groupe, à un deuxième type d'influence qualifié de *dépendance normative.* C'est de ces deux types de dépendance, de leur force respective, de leur activation ou de leur mise en sommeil dans certaines situations que va dépendre l'ampleur de l'influence sociale et donc du conformisme. L'existence de ce double système de dépendance permet de rejoindre les théories de Festinger concernant la comparaison sociale et les pressions à l'uniformité, comme le montre particulièrement bien J.-P. Leyens (1979, p. 68) : « Dans sa théorie de la comparaison sociale, Festinger (1954) postule chez chaque individu un besoin d'évaluer ses opinions et ses aptitudes personnelles. Les critères dits objectifs du monde physique faisant souvent défaut ou n'étant guère utiles pour ce genre d'évaluation, il faudra fréquemment faire appel à des personnes prises comme "référents sociaux". Dans l'effet Asch, la majorité peut donc jouer le rôle de référent social et ses jugements seront autant d'informations prises en compte par l'individu désemparé devant ses normes contradictoires : celles qu'il avait acquises et croyait être correctes et celles auxquelles il doit soudainement faire face. C'est la dépendance informationnelle. Par ailleurs Festinger soutient que les groupes exercent, volontairement ou non, des pressions vers l'uniformité permettant au groupe d'atteindre ses buts et de réintégrer les déviants : c'est la dépendance normative. »

4.7. À propos de la technique du « tour de table »

Le dispositif de Asch correspond très exactement à une technique fréquemment utilisée dans les réunions et visant à permettre l'expression de tous celle du tour de table. Ce que nous démontre Asch, c'est que cette technique peut devenir très facilement, non pas un outil d'expression, mais un superbe outil, très efficace, de manipulation. C'est ainsi qu'une soigneuse organisation d'un tour de table – consistant, par exemple à faire s'exprimer en premier les trois personnes dont on souhaite privilégier les opinions – permet de complètement dénaturer l'authenticité des discours obtenus par la suite ou, plus grave, d'amener des membres du groupe à s'aligner sur des positions qui ne sont pas les leurs mais celles d'une majorité unanime.

5. Soumission au groupe et à l'autorité (Milgram, 1971)

La démarche de Milgram s'inscrit dans la continuité directe des travaux de Asch et vise à répondre à certaines critiques adressées à ce dernier. Parmi ces critiques l'une des plus sérieuses portait sur la nature des phénomènes observés. Il utilise en effet l'expression verbale comme indice de conformisme. Dès lors, ne recueillerait-il pas un simple conformisme en mots, un conformisme du « bout des lèvres » dans lesquels les sujets sont de fait fort peu impliqués ? Et ne serait-ce pas cette absence d'engagement des sujets dans la situation qui les amènerait à se conformer, par facilité en quelque sorte ou par confort ? L'hypothèse sous-jacente à cette critique est claire. Si les sujets étaient réellement impliqués, s'il y avait un enjeu dans la situation, si leurs réponses avaient des conséquences réelles, alors le taux de conformisme serait bien plus faible. C'est à l'analyse de cette hypothèse que va s'attacher Milgram. Pour cela il va étudier non plus le conformisme en mots mais le *conformisme en actes.* Concrètement, un individu peut-il être amené à accomplir sous la pression sociale des actes qu'il n'aurait pas entrepris seul ? La pression sociale sera étudiée par Milgram selon deux modalités visant deux thèmes distincts : l'effet de la pression d'un groupe tout d'abord, l'effet de la pression d'une autorité ensuite.

5.1. La soumission au groupe (Milgram, 1974)

Milgram va utiliser dans toutes ses recherches sur l'influence l'un des dispositifs expérimentaux les plus astucieux de l'histoire de la psychologie sociale, dispositif qui pose néanmoins de sérieux problèmes déontologiques.

Les sujets sont recrutés par petites annonces dans la presse pour participer à une recherche sur l'apprentissage. Ils sont dans cette expérience tous masculins. Ils sont convoqués par équipes de quatre et on les informe que le laboratoire travaille sur le rôle de la sanction sur l'apprentissage : la sanction favorise-t-elle l'apprentissage et quelle est l'intensité d'une punition qui a le plus d'effet ? On leur explique alors qu'il y a plusieurs rôles à tenir et que, pour les attribuer, on va procéder à un tirage au sort. En fait *trois des quatre sujets sont des compères* et le tirage au sort est truqué de telle façon que le sujet naïf ait pour fonction *d'infliger un choc électrique* à celui de ses camarades que le sort a désigné pour effectuer la tâche d'apprentissage (il s'agit d'apprendre des couples de mots ciel-bleu canard-sauvage, etc.) chaque fois que ce dernier fera une erreur. Les deux autres pseudo-sujets sont affectés à d'autres tâches (passage des mots sur le rétroprojecteur pour l'un, notation des résultats pour l'autre). Après avoir installé le sujet qui doit effectuer l'apprentissage sur une chaise électrique dans une autre salle (avec laquelle ils sont en liaison phonique), nos trois sujets rejoignent le poste de travail dans la salle d'expérimentation. Le sujet naïf est installé devant un générateur électrique constitué d'une rangée de trente interrupteurs allant de 15 volts à 450 volts par sauts de 15 volts. Il devra donc appuyer sur l'un de ces interrupteurs pour infliger la punition choisie en cas d'erreurs dans l'apprentissage. Sous les interrupteurs figurent les mentions suivantes : « choc léger, choc moyen, choc fort, choc très fort, choc violent, choc très violent » et sous les derniers : « danger, choc douloureux ». L'expérimentateur explique alors la procédure de choix de la force du choc électrique : « Ce sont les instructeurs eux-mêmes qui décident de la force du choc à infliger à chaque essai. Chacun de vous proposera un niveau de choc. Le choc infligé en fait sera le plus bas de ceux qui ont été proposés. Pour que l'expérience se déroule sans anicroches, faites vos propositions dans l'ordre suivant : instructeur 1 d'abord, instructeur 2 ensuite et enfin instructeur 3 (il s'agit du sujet naïf). Je vous rappelle que vous pouvez rester à un même niveau ou bien monter ou descendre comme vous en avez envie mais à chaque essai, on inflige le choc au plus bas niveau proposé. »

Le sujet naïf se trouvait ainsi dans une position telle qu'à chaque essai il pouvait effectivement décider du choc le plus fort infligé au sujet, les règles de l'expérience lui permettant par exemple de maintenir la force du choc tout au long de l'expérience en dessous de 30 volts. Par ailleurs, il peut suivre la décision du groupe ou tout au moins aller dans son sens.

C'est le comportement des deux compères (sujets 1 et 2) qui va constituer l'opérationalisation de la variable étudiée la pression du groupe. À chaque nouvelle erreur ils vont demander tous les deux que l'on augmente la punition d'un échelon. Ils demandent donc 15 volts à la première erreur, 30 volts à la seconde… 300 volts à la vingtième… 450 volts à la dernière. Ils ne prêtaient pas garde aux remontrances éventuelles du sujet naïf et poursuivaient imperturbablement et unanimement leur stratégie d'escalade dans la punition. Pour compléter le dispositif, nos trois sujets entendaient les réactions de leur camarade chaque fois qu'il recevait un nouveau choc électrique (*cf.* encadré p. 146).

Le sujet naïf étant parfaitement libre de n'infliger que des chocs légers, l'expérience vise à observer s'il résistera aux injonctions des membres de son groupe ou s'il les suivra et jusqu'où dans l'administration de chocs électriques de plus en plus douloureux. On comparera donc la force moyenne des chocs administrés par le sujet naïf aux trente essais critiques avec celle administrée en situation contrôle. Dans cette situation contrôle (40 sujets comme dans la situation expérimentale) le sujet naïf décide seul de l'intensité des chocs, il n'y a pas de compères avec lui dans la salle.

Les résultats sont suffisamment spectaculaires pour appeler peu de commentaires :

– en situation contrôle, le choc moyen administré est de *82 volts* ;
– en situation expérimentale, il est de *255 volts*.

Le tableau 6 précise ces résultats en situation contrôle, seuls deux sujets (sans aucune pression !) vont jusqu'à administrer 450 volts à leur « victime ». La plupart des sujets (85) reste à des intensités correspondant à des chocs faibles. Mais en situation de groupe, ce sont dix sujets (25) qui vont jusqu'à 450 volts et 62 qui administrent des chocs très forts ou dangereux. On constate d'ailleurs, comme chez Asch, de très grandes variations interindividuelles. Les résultats mettent en évidence deux catégories de sujets en situation expérimentale. *Les conformistes* qui envoient en moyenne 414 volts au dernier essai et les sujets *indépendants* qui résistent à la pression du groupe et qui n'envoient eux que 72 volts en moyenne au dernier essai. Mais comme en conclut Milgram lui-même, l'apport le plus important de cette recherche est la démonstration de ce que l'influence d'un groupe peut façonner le comportement dans une situation à forte implication et en étroite relation pourtant avec des problèmes de conscience et de jugement moral. L'effet du groupe balaye, au moins chez certains sujets, l'effet des normes sociales les plus élémentaires. Et cet effet de groupe se met en œuvre sans pression explicite : c'est le simple énoncé des propositions, c'est la communication dans le groupe qui crée la dépendance et la pression au conformisme.

Réactions du sujet dans l'expérience de Milgram

Suivant l'arrangement préalable, le « sujet » faisait dans ses réponses à la tâche d'apprentissage trois erreurs pour une bonne réponse. Il y avait en tout quarante essais, dont trente étaient des essais critiques (ceux auxquels le « sujet » répondait par des erreurs).

Les réactions du « sujet » ne se limitaient pas à ses réponses à la tâche. Plus les chocs qu'on lui délivrait étaient forts et plus il grognait, protestait et demandait à ce qu'on arrête l'expérience. Chaque plainte du « sujet » était enregistrée par avance au magnétoscope et correspondait à une force déterminée du choc. Les protestations et les manifestations de douleur suivaient de façon spontanée l'administration du choc électrique.

Le « sujet » ne faisait preuve d'aucun malaise en dessous du choc de 75 volts et il répondait alors par un léger grognement à la punition. Les mêmes réactions suivaient les chocs de 90 à 105 volts, et au choc de 120 volts le « sujet » criait à l'expérimentateur que les chocs devenaient douloureux. Des gémissements de douleur se faisaient entendre à l'administration du choc de 135 volts et à 150 volts le sujet réclamait à grands cris qu'on l'élimine de l'expérience, se plaignant de troubles cardiaques. Il continuait par des plaintes du même genre, de plus en plus fortes jusqu'au choc de 210 volts, où le sujet criait : « Je ne peux pas supporter la douleur ». À 285 volts, sa réaction au choc était manifestement un râle d'agonisant. À 300 volts la victime criait, en désespoir de cause, qu'il ne donnerait plus aucune réponse au test de mémoire et ainsi de suite jusqu'à 450 volts. En d'autres termes, plus la force du choc s'élevait, plus étaient violentes les réactions de celui qui les subissait.

Source : Milgram, 1971, p. 305.

TABLEAU 6. Niveau de choc administré par les sujets

Choc le plus fort administré	G. contrôle	G. expérimental
Choc léger	23	3
Choc moyen	11	3
Choc fort	4	9
Choc très fort	0	6
Choc violent	0	4
Choc très violent	0	5
Choc dangereux	2	10

5.2. La soumission à l'autorité (Milgram, 1974)

Par rapport à l'expérience de Asch, un élément supplémentaire est renforcé dans le dispositif de Milgram. La présence d'une autorité scientifique valide et cautionne l'expérience, elle doit donc jouer un rôle dans le processus d'influence. C'est au rôle joué par l'autorité, à la question de la soumission à l'autorité que Milgram consacre les 18 recherches expérimentales présentées dans son ouvrage célèbre et reprises partiellement au cinéma dans le film *I comme Icare.*

Le dispositif expérimental est le même que dans l'expérience de groupe, à la différence près que les sujets sont deux (dont un compère à qui le tirage au sort attribue le rôle qui consiste à apprendre les associations de mots) et que pour le sujet naïf la *consigne* lui précise que pour chaque nouvelle erreur il doit augmenter l'intensité du choc. Lorsque dans le cours de l'expérience et suite aux plaintes émises par la victime, le sujet hésite, ou tente d'arrêter l'expérience, l'expérimentateur réagit par quatre injonctions successives :

1) Continuez, s'il vous plaît, je vous prie de continuer !
2) L'expérience exige que vous continuiez !
3) Il est absolument indispensable que vous continuiez !
4) Vous n'avez pas le choix, vous devez continuer !

Si le sujet refusait d'obéir à la quatrième injonction, l'expérience prenait fin. Les deux mesures effectuées portent sur :

– le choc moyen auquel les sujets refusent de continuer l'expérience malgré les injonctions de l'expérimentateur ;

– le pourcentage de sujets qui obéissent jusqu'au bout et vont jusqu'à administrer 450 volts.

Ici encore les résultats sont spectaculaires. Sous la pression de l'autorité *62,5 % des sujets obéissent jusqu'au bout* et administrent à une autre personne un choc électrique de 450 volts, qu'ils savent dangereux et ceci malgré les supplications de la victime. Le choc *moyen* administré par l'ensemble des sujets atteint *360 volts* ! (il est de 255 volts sous la pression d'un groupe et de 82 volts dans une situation « normale », contrôle). Nous voici très loin des pourcentages de Asch et même de ceux de Milgram dans l'expérience précédente. Comme le montrent les entretiens et l'observation des sujets durant l'expérience, ceux qui ont administré les chocs dangereux ne l'ont pas fait pour assouvir une quelconque tendance agressive mais uniquement par soumission à l'autorité. Quelques variantes réalisées par Milgram permettent de mieux analyser le processus en œuvre :

– quand c'est un représentant de l'autorité qui est dans le rôle de la victime ou que deux chercheurs donnent des ordres contradictoires, l'absence d'autorité supprime la soumission. Aucun sujet n'administre des chocs de 450 volts ;

– si par contre les sujets ne sont plus directement acteurs mais spectateurs, 70 % d'entre eux ne manifestent aucune réaction à l'administration de chocs de 450 volts.

Cette soumission à l'autorité n'est pas un processus simple, elle est influencée par un certain nombre de variables situationnelles, en particulier par la distance du sujet à sa victime comme le montrent les quatre conditions suivantes :

– condition distance maximale (ou de *feed-back* à distance) : le sujet n'entend pas les plaintes de la victime mais uniquement quelques coups que ce dernier donne contre la paroi ;

– condition distance moyenne (*feed-back* vocal) : c'est l'expérience princeps que nous avons décrite : le sujet entend les plaintes programmées de la victime ;

– condition proximité : les deux protagonistes sont dans la même pièce : le sujet voit et entend la victime ;

– condition contact : pour de soi-disant raisons techniques, le sujet doit de surcroît appuyer sur la main de la victime pour qu'elle reçoive les chocs.

Les résultats montrent un effet important de la distance (*cf.* tableau 7).

Tableau 7. Effets de la distance à la victime dans la soumission à l'autorité

	Choc moyen administré	% de sujets obéissant jusqu'au bout
Distance maximale *Feed-back* à distance	405	65
Distance moyenne *Feed-back* vocal	360	62,5
Proximité	300	40
Contact	255	30

Il est important de constater tout d'abord que lorsque la distance permet d'éviter de voir la victime (*feed-back* à distance et vocal) les taux de soumission sont très importants et peu différents. Le fait d'entendre les plaintes ne freine pas de manière significative l'administration de la sanction sévère. Par contre, dès qu'il y a contact visuel, la désobéissance augmente, renforcée encore par le contact physique. Dans ces ceux situations la perception visuelle réintroduit la notion de responsabilité personnelle de la conséquence de ses actes. Qui plus est non seulement le sujet voit la victime, mais il est vu par elle, créant une situation psychologique où la tension morale qui s'exerce sur lui augmente de façon importante. Dès lors comme l'analyse Mugny (1978, p. 116), « ces expériences indiqueraient que la réduction de la soumission à l'autorité en fonction de la proximité de la victime ne résulte pas simplement d'une prise de conscience, de conséquences de ses actes par le sujet, mais d'une dynamique psychosociologique qui relève de la perception que le sujet a de lui-même, perception rendue saillante lorsqu'il est visible pour sa victime. Il apparaît que la désobéissance ne relève pas simplement de catégories morales, mais du fonctionnement du sujet dans la situation sociale – la réduction de la soumission à l'autorité, la "libération" de la victime passe par une redéfinition de l'ensemble du champ cognitif et de la relation à la victime. »

En tout cas ce que démontrent les expériences de Milgram, c'est que la situation de groupe, comme celle de la présence d'une autorité reconnue, parviennent à neutraliser efficacement l'influence des règles morales et l'éthique des individus. « Les facteurs moraux peuvent être écartés par une restructuration soigneusement calculée de l'information et de l'environnement social. »

6. Le rôle des minorités (Moscovici, 1979)

Comme nous venons de le voir, la psychologie de l'influence est une psychologie de la majorité, de l'autorité et des normes sociales. Elle étudie donc essentiellement les processus de conformisme et de soumission aux règles ou aux responsables socialement reconnus. C'est vers le milieu des années 60 que va être introduite par S. Moscovici une vision nouvelle de l'influence sociale, qui a donné lieu à un courant novateur, source d'un grand nombre de recherches, dont beaucoup sont encore en cours, et qui s'intitule comme l'ouvrage de son fondateur : la psychologie des minorités actives. L'idée de départ de Moscovici consiste à considérer que l'influence sociale n'a pas pour seule fonction de réduire les différences, de créer le conformisme ou l'uniformité, de supprimer les déviants. Elle a aussi un rôle novateur, elle est un instrument de l'innovation et du changement social. Par ailleurs cette influence ne s'exerce pas de manière unilatérale, mais elle implique une action réciproque de l'ensemble des acteurs sociaux. Chaque membre du groupe, quelle que soit sa position, est à la fois un émetteur potentiel et un récepteur potentiel d'influence, « … plutôt que de mettre en avant la présence d'un rapport de dépendance comme principal facteur du succès de l'influence… nous proposons d'envisager la possession de normes ou de contre-normes et le style de comportement adopté pour exprimer un point de vue comme les facteurs principaux de réussite de l'influence » (Doms et Moscovici, 1984, p. 54).

Le modèle de Moscovici repose sur quelques principes fondamentaux :

1) *tous les membres* d'un système social doivent être considérés comme émetteurs et récepteurs d'influence ;

2) c'est le *style de comportement* de celui qui propose qui est la source principale de réussite de l'influence ;

3) plus que la majorité, c'est la *consistance* qui crée l'influence : un comportement minoritaire consistant est susceptible de faire tomber les règles de la majorité. Cette consistance doit être à la fois diachronique et synchronique. Pour une minorité, c'est le maintien systématique de son point de vue dans le temps et dans l'espace qui constitue sa consistance diachronique. Quant à la consistance synchronique elle est définie par le fait pour une minorité de donner un point de vue unique, unanime et consensuel.

Moscovici réinterprète complètement les résultats de S. Asch à partir de son propre modèle : Asch ne met pas en évidence l'effet d'une majorité mais bien celui d'une minorité consistante. Car les sept compères, dit-il, sont de fait minoritaires par rapport à la norme perceptive qu'ils transgressent. Ce qui est à l'origine de leur influence sur les autres n'est donc pas leur nombre ni le fait qu'ils soient majoritaires. C'est le fait qu'ils adoptent tous un comportement consistant, à la fois synchronique (unanimité des fausses réponses) et diachroniques (maintien du comportement durant toute l'expérience). C'est pourquoi lorsque cette consistance disparaît (lorsqu'un compère donne la bonne réponse, brisant ainsi le consensus), l'influence disparaît également.

Dès 1967, Faucheux et Moscovici avaient apporté une première vérification expérimentale au fait que la consistance d'un minoritaire lui permettait d'influencer les sujets majoritaires. Si on propose à un groupe de six sujets de choisir dans une longue série de dessins la dimension (soit la taille, soit le contenu, le contour ou la forme) qui lui semble la plus pertinente pour effectuer un choix rapide (l'expérience est censée être réalisée dans le cadre des activités perceptives de contrôleurs aériens), on sait que les réponses sont équiprobables. Dès lors, si l'un des membres du groupe (un compère donc, minoritaire) annonce systématiquement qu'il choisit la « couleur », s'il maintient sa position on va voir le reste du groupe augmenter progressivement ses réponses « couleurs ».

Mais c'est le travail réalisé par Moscovici, Lage et Naffrechoux (1969) qui constitue la première recherche sur les minorités, en utilisant un paradigme devenu depuis célèbre dans les recherches sur l'influence. Un groupe de six sujets (dont deux compères) effectue une tâche simple. Il s'agit de nommer la couleur des diapositives qu'on leur présente, et qui sont en fait de couleur uniforme, située entre le bleu et le vert. Une épreuve préalable collective permet à chacun de savoir que chaque membre du groupe à une perception correcte. On constate en présentant les diapositives au groupe contrôle que les réponses des sujets, spontanées, sont massivement « bleu » (un seul sujet sur 22 donne la réponse « verte »). La norme du groupe existe donc sans ambiguïté. Dans une première condition expérimentale les deux compères vont systématiquement donner la réponse « verte ». On constate alors une augmentation significative des réponses « vertes » dans le groupe (on passe de 0,36 % en situation contrôle à 8,42 %). Il y a donc bien apparition d'une influence minoritaire. Dans la seconde condition expérimentale les deux compères ne donnent la réponse « verte » que deux fois sur trois. On constate alors que le fait que la minorité ne soit plus consistante entraîne une disparition de son influence (1,25 % de changements). L'expérience montre bien à la fois l'existence d'une influence minoritaire pouvant amener un certain changement de la norme majoritaire du groupe, mais aussi que la consistance (ici diachronique) est une condition nécessaire à l'émergence de cette influence.

De nombreuses recherches par la suite ont attiré l'attention sur le fait que « consistance » ne devait pas être perçue comme « rigidité ». Une minorité rigide perçue comme butée perd toute capacité d'influence. C'est ce que montre entre autres Mugny (1976) en parlant de l'importance du style de négociation de la minorité : elle doit être consistante mais faire preuve de flexibilité dans l'interaction.

Les travaux les plus récents dans ce domaine semblent confirmer par ailleurs l'idée et les résultats de Moscovici et Lage (1976) selon lesquels il existe une différence de nature entre influence majoritaire et minoritaire. Si l'influence majoritaire agit au niveau des comportements ou prises de position immédiats, explicites et publics, l'influence minoritaire agit au niveau latent, à un niveau plus profond, elle constitue ce que Paicheler (1985) appelle « la face cachée des influences ».

7. Conclusion

L'ensemble des travaux met en évidence le rôle essentiel de la communication et de l'interaction dans les processus d'influence sociale. Présents ou absents, qu'ils s'expriment directement, ou qu'il soit simplement fait allusion à leur présence et à leur point de vue, les *Autres constituent un élément essentiel dans les jugements, les opinions ou les comportements des individus et des groupes.* L'information, la communication et les processus d'influence qu'elles génèrent contribuent à structurer le champ social sur ses trois dimensions essentielles : normative, cognitive et sociale. L'influence – c'est son aspect normatif – crée, renforce ou impose des valeurs ; elle détermine un certain décodage de la réalité et un certain traitement des informations – c'est son aspect cognitif. Elle joue un rôle essentiel dans l'organisation, le maintien ou la mise en cause des statuts et des relations de pouvoir et d'autorité. C'est son aspect social. On peut lui définir quatre fonctions.

7.1. La création des normes

L'influence permet l'émergence des points de références communs qui fondent la cohésion du groupe, en assurant la permanence, et déterminant la consistance des comportements de ses membres, y compris lorsque le groupe est absent.

7.2. La socialisation de l'individu

L'influence a également une visée éducative. Elle est l'un des processus qui permet à l'enfant ou au nouveau membre d'un groupe de connaître, comprendre, accepter et intégrer progressivement les règles, les principes et le mode de fonctionnement de son groupe d'appartenance. Elle joue (*cf.* Doise et Mugny, 1981) à travers le système d'interaction, un rôle déterminant dans le développement socio-cognitif de l'enfant et « le développement social de l'intelligence ».

7.3. Le contrôle social

Elle permet le maintien de l'équilibre social. Elle aide les groupes sociaux à préserver leur intégrité en leur permettant de prévoir et de canaliser les comportements de leurs membres. Elle renforce ainsi la dépendance de l'individu au système social.

7.4. L'innovation

Elle permet aussi la transformation progressive des normes du groupe, l'évolution des règles et des points de vue, la prise en compte d'idées nouvelles, souvent minoritaires, débouchant sur l'innovation ou la créativité. Longtemps ignorée par les théoriciens de l'influence, cette fonction est désormais reconnue, même si les mécanismes de son action ne sont pas actuellement totalement connus. La mise en œuvre de ces fonctions détermine trois grands types d'influence sociale :

1) *l'influence normative* permettant la satisfaction des besoins d'appartenance et de réussite sociale, grâce à la connaissance des valeurs du groupe ;

2) *l'influence informative* visant une meilleure approximation de la réalité en utilisant les informations en provenance des autres et tenues pour exactes. Elle facilite la compréhension et la maîtrise des situations, et l'adaptation cognitive à la réalité ;

3) *l'influence innovatrice* permettant l'évolution – cognitive ou normative – des groupes et l'apparition des comportements ou de normes nouvelles.

Si les deux premiers types d'influence sont observables, explicites et directs les processus de l'influence innovatrice sont eux plus souterrains, implicites et masqués. Ils s'inscrivent dans la durée et le long terme. Mais tous sont directement déterminés par la nature du contexte et du type d'interaction. L'influence comme la communication est une interaction. Elle peut donc largement être étudiée et analysée comme un système de communication, déterminé en très grande partie par l'ensemble des facteurs généraux – présentés dans notre premier chapitre – qui interviennent dans l'interaction communicative.

Chapitre 9

Structure de groupe, communication et performance des groupes

La situation de groupe ou la référence à ses prises de position entraînent, nous l'avons vu, des effets importants sur les opinions émises et les comportements adoptés par les individus. Mais ces effets vont également être déterminés par les caractéristiques objectives de la situation dans laquelle le groupe évolue par le type de tâches qu'il effectue, par les possibilités matérielles d'échanges, entre les membres, par la nature des échanges : directs ou avec relais. Ces caractéristiques objectives pouvant d'ailleurs être appréhendées, perçues de manière différente, c'est la représentation de la situation pour le groupe qui peut être l'élément déterminant de sa dynamique.

1. Structure de communication dans les discussions de groupe

1.1. Notion de structure de communication

On appelle structure de communication dans un groupe l'organisation des échanges effectivement réalisés. On l'obtient en relevant les interventions de chaque membre et leur direction : Qui parle à qui dans une unité de communication donnée ? La matrice émission-réception qui regroupe l'ensemble de ces informations (*cf.* figure 12) permet de construire un graphe qui représente la structure des communications du graphe. Ces informations permettent par exemple de savoir qu'un groupe a échangé de façon hiérarchisée (structure centralisée) ou qu'au contraire chaque membre du groupe a joué – du point de vue de la quantité des échanges – un rôle approximativement équivalent aux autres (structure homogène ou non centralisée). La structure de communication est donc un élément essentiel pour décrire et analyser le fonctionnement d'un groupe.

1.2. L'effet Steinzor (1950)

Chacun sait que la table ronde est la disposition spatiale la plus propice aux échanges et aux discussions en groupe : chaque participant perçoit l'ensemble des membres du groupe et dispose du même statut spatial. Elle semble donc offrir toutes les garanties d'impartialité et ne pas permettre le développement de quelconques biais dans la communication. Et pourtant cette disposition génère un certain type de structure de communication dans le groupe, mis en évidence par Steinzor. Ce dernier va étudier pendant plusieurs semaines deux groupes de dix personnes, engagés dans des réunions-discussions sur des thèmes libres, autour d'une table ronde.

Il constate alors qu'indépendamment de tout critère lié aux individus ou aux thèmes, les échanges se structurent d'une façon spécifique : *le nombre d'émissions de chaque membre est maximum en direction de son vis-à-vis.* Il décroît au fur et à mesure que l'on s'éloigne de cette position de face à face (*cf.* figure 13). Plus le nombre de sièges est important entre deux personnes (dans notre exemple, il est au maximum de trois), plus les échanges entre eux vont être fréquents. Ce que Steinzor met donc en évidence et que les recherches suivantes confirmeront c'est que la table ronde induit un certain système de communication : *échanges importants avec le vis-à-vis, échanges faibles avec le côte à côte.* L'effet Steinzor éclaire les observations que ce dernier avait réalisées sur des groupes naturels. Les membres du groupe qui souhaitaient avoir un échange privilégié avec un autre participant se plaçaient spontanément et systématiquement en face de lui. L'effet Steinzor n'est pas étonnant. La position face à face est bien celle qui, en effet, favorise au maximum l'échange : c'est elle qui permet le mieux de capter, d'utiliser ou de réagir à tous les indicateurs non verbaux (mimiques, gestes, regards) émis par l'interlocuteur.

L'effet Steinzor apparaît bien évidemment dans des situations où les statuts des membres du groupe sont proches ou équivalents, c'est-à-dire dans des situations non déjà structurées à priori par l'histoire du groupe au sens organisation hiérarchique. Il apparaît surtout dans des groupes sans leader et sans chef.

Récepteurs

Émetteurs	A	B	C	D	E	F
A		+	++	+++	++	+
B	+		+	++	+++	++
C	++	+		+	++	+++
D	+++	++	+		+	++
E	++	+++	++	+		+
F	+	++	+++	++	+	

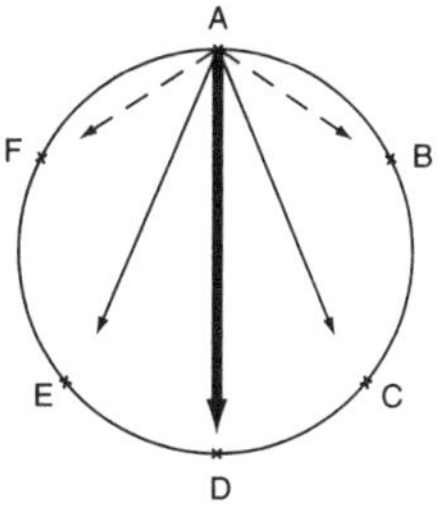

FIG. 12. Structure de communication de réunions organisées autour d'une table ronde

Lorsqu'un groupe possède un leader, l'effet Steinzor va se moduler ou disparaître selon le type de leadership. C'est ainsi que Hearn (1957) montre qu'il apparaît pleinement dans les groupes dirigés par un *leader de type non directif.* Ce style de leadership permet aux communications de s'organiser librement et les échanges avec les vis-à-vis sont effectivement les plus importants. En revanche lorsque le groupe est dirigé par un leader directif, ce sont les communications entre les individus placés *côte à côte* qui sont les plus importantes. Cette observation recoupe d'ailleurs celles de Lippitt et White. Le leadership autoritaire (ou directif) réduit les échanges intra-groupe et favorise l'apparition de sous-groupes. Dans les cas observés par Hearn le développement des échanges entre voisins (côte à côte) dans des groupes à leadership directif est une conséquence directe de ce type de direction, réduction des échanges publics et collectifs au profit d'apartés, premiers symptômes d'une détérioration du climat et de la cohérence du groupe.

Signalons une dernière conséquence de l'effet Steinzor qui concerne des situations plus étendues que celle d'une discussion autour d'une table ronde. Au fond, ce que Steinzor met en évidence, c'est que la situation de face-à-face privilégie l'échange. Dès lors, et c'est ce que vont montrer Howells et Becker (1962), on peut penser que dans une situation sociale, *plus un individu aura d'interlocuteurs en face à face, plus il sera favorisé* pour occuper une place dominante. Dans leur recherche ces deux auteurs organisent une discussion qui met face à face d'un côté deux personnes, de l'autre trois : ils constatent en effet que le leader a plus de chance d'apparaître dans le groupe de deux plutôt que dans l'autre.

2. Réseau de communication et fonctionnement des groupes

2.1. La notion de réseau de communication

On appelle « réseau de communication » l'ensemble des possibilités matérielles de communication existant à l'intérieur d'un groupe donné. C'est donc l'ensemble des canaux de communication disponibles pour un groupe. Si *la structure des communications (cf. supra)* correspond aux communications réellement échangées et qu'elle *est donc définie a posteriori,* par contre *le réseau* de communication, lui, existe *a priori.* Ce sont les conditions matérielles d'échange qui sont données au groupe. Comme la structure de communications le réseau peut être représenté par un graphe. Comme elle, il peut être plus ou moins centralisé. Dans un réseau centralisé, toutes les communications passent obligatoirement par le personnage central, dans un réseau homogène (par exemple une réunion-discussion), chaque membre du groupe a la possibilité de s'adresser directement à tous les autres participants.

2.2. Réseau de communication et phénomènes de groupe

C'est Bavelas (1948) qui le premier pose l'hypothèse que tous les phénomènes de groupe sont déterminés par les propriétés du réseau de communication. Parmi ces propriétés, la plus importante concerne la centralité. Considérons les quatre réseaux suivants qui sont ceux utilisés par Leavitt (1951) et qui concernent des groupes de cinq personnes.

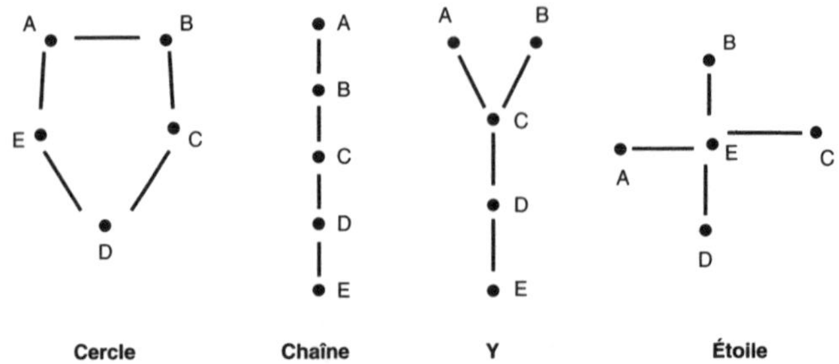

Fig. 13. Réseaux de communication utilisés par H. Leavitt (1951)

Le dispositif élaboré pour Bavelas pour ses premières expériences (1948) sera repris de façon pratiquement identique par tous les chercheurs. On va imposer à un groupe de sujets grâce à une certaine organisation des possibilités matérielles de communication, c'est-à-dire un réseau. Et on lui demandera d'effectuer une tâche. Dans les premières expériences, celles de Bavelas et de Leavitt, le groupe doit résoudre une série de problèmes simples. On comparera les résultats obtenus dans les divers types de réseau par des groupes comparables. C'est l'expérience de Leavitt qui est la plus complète et dont nous allons présenter les résultats. Ils concernent l'effet du réseau sur la performance (indicateur : nombre d'erreurs effectuées), sur la rapidité de découverte de la bonne solution et sur la satisfaction prouvée par ses membres (*cf.* tableau 8).

Tableau 8. Résultats de l'expérience de Leavitt (1953)

Type de Réseau	Cercle	Chaîne	Y	Étoile
Indice de Centralité	25	26,1	26,2	26,4
Erreurs totales (8 derniers essais)	7,60	2,80	0	0,6
Durée de l'essai le plus rapide	51 ''	60''	35''	32''
Nombre de communications	419	277	221	215
Satisfaction (max. = 100)	66	60	58	44

Ils indiquent clairement que le réseau de communication détermine le fonctionnement du groupe et plus particulièrement qu'il existe une relation directe entre la centralité du réseau, la performance et le moral du groupe. Plus précisément, *le groupe est d'autant plus efficace qu'il est placé dans un réseau centralisé.* Les réseaux centralisés sont les plus performants tant du point de vue de la qualité de la production que de sa rapidité. Par contre, les effets sont inversés sur les aspects « psychologiques ». *Plus le réseau est centralisé moins la satisfaction est élevée* (malgré les bons résultats). C'est dans les réseaux peu centralisés que le moral est le meilleur. Il apparaît également que le réseau engendre une certaine perception et une certaine organisation des rôles de chacun. Dans les réseaux centralisés, le personnage central est reconnu comme leader et comme organisateur. Par contre, dans les réseaux non centralisés les groupes s'organisent très peu et sans répartition de rôles. On peut résumer ces résultats par les caractéristiques de deux réseaux extrêmes :

– à un extrême, le cercle, *réseau non centralisé* : il est le lieu d'une importante activité de communication mais non organisée et sans leader reconnu. Il est inefficace mais apprécié par tous ;

– à l'autre extrémité, l'étoile, *réseau centralisé* : on y communique moins et il s'organise autour d'un leader reconnu. L'organisation y est stable et performante. Il est efficace mais peu apprécié – en moyenne par ses membres. On observe ici une certaine hétérogénéité dans le groupe : si le moral moyen est faible, la satisfaction des leaders y est grande.

Donc le réseau de communication détermine la performance, le type et le volume de communication, le niveau de satisfaction, l'émergence et la reconnaissance ou non d'un leader.

De plus, la position de chaque individu dans le réseau détermine ses possibilités de devenir leader, son niveau d'activité dans le groupe et son degré de satisfaction.

Ces résultats très importants vont rapidement être contestés. Dès 1954, Shaw reprenant le travail de Leavitt trouve des résultats inverses chez des groupes effectuant une tâche plus complexe. Dans cette situation ce sont les réseaux non centralisés qui sont les plus performants et les plus rapides. De même Heise et Miller (1951) proposent à leurs groupes deux tâches de nature différente : une tâche simple (du même type que celle utilisée par Leavitt) et une tâche complexe. Leurs résultats confirment ceux de Leavitt pour la tâche simple ; ils sont inverses (comme Shaw) pour les tâches complexes (*cf.* tableau 9).

Dès lors, les résultats contradictoires s'éclairent *les effets du réseau de communication dépendent du type de tâche.* Les réseaux centralisés sont pertinents pour les tâches simples, les réseaux homogènes efficaces pour les tâches complexes.

Deux autres résultats méritent d'être signalés :

– Shaw et Gilchrist (1956) mettent en évidence que, dans des groupes de travail, le réseau centralisé détermine l'apparition d'une structure de communication centralisée et que la hiérarchie sociométrique est déterminée par cette structure. La structure sociométrique, dans cette situation, est déterminée par le réseau de communication.

– Shaw, Rothschild et Strickland (1957) constatent que les individus les plus centraux dans un réseau sont les moins souvent déviants, et que celui qui occupe la position centrale dans un réseau semble jouer un rôle important sur les prises de position et donc sur les résultats de la discussion du groupe.

TABLEAU 9. Résultats de Heise et Miller (1951)

	Réseau centralisé	Réseau non centralisé
Tâche simple		
– Durée en minutes	4	9
– Nombre de communications	58	112
Tâche complexe		
– Durée en minutes	15	7
– Nombre de communications	186	154

2.3. Réseau de communication et modèle de la tâche (Flament, 1965)

Partant des résultats de Shaw et de Heise et Miller, Flament va introduire une nouvelle notion pour analyser les relations entre réseau et performance celle de modèle de la tâche, qu'il définit comme étant, dans un réseau donné, le graphe des communications nécessaires, c'est-à-dire qu'il faut absolument assurer pour que la tâche soit achevée. Ce modèle concerne donc le système de communication adapté à la réalisation de la tâche et non pas le type de raisonnement à mettre en œuvre. Il est élaboré « en considérant les informations possédées initialement par les membres du groupe et les informations qu'ils doivent posséder pour que la tâche soit terminée… et il permet de décrire la tâche dans ses aspects de communication et en des termes permettant une comparaison ultérieure avec la structure du réseau de communication » (Flament, 1965, p. 58). Le modèle de la tâche se présentera donc dans la même forme que celle représentant le réseau ou la structure de communication : les trois graphes pourront facilement être mis en relation. Comme le réseau, il fait partie des données préalables à l'interaction : c'est un modèle à priori.

Dans son expérience de 1958, Flament utilise deux types de réseaux : un réseau centralisé (l'étoile) et un réseau homogène complet. De plus, à chaque groupe est imposé soit un modèle homogène, soit un modèle centralisé. Les résultats qu'il obtient montrent que :

– la performance est optimale lorsqu'existe une adéquation entre le réseau de communication et le modèle de la tâche.

– quand ils ont la possibilité de le faire, les groupes ont tendance à choisir un modèle de la tâche isomorphe au réseau dans lequel ils travaillent ;

– le modèle est également choisi de telle manière que soit nul le nombre de canaux inutiles ;

– la tâche complexe pousse le groupe à choisir le modèle homogène, tandis que la tâche simple conduit plus fréquemment à un modèle centralisé ;

– enfin, la prise de conscience des rapports entre les structures du modèle et du réseau, et de la structure de l'organisation optimale qui en découle, entraîne une amélioration de la performance.

Mais si le modèle de la tâche exige une organisation fonctionnelle des relations entre les membres du groupe, il nécessite aussi une certaine organisation sociale. Dans une recherche réalisée plus tard (Poitou et Flament, 1967), est confirmé « le fait que le groupe ne peut atteindre la performance théorique maximum lorsque sa structure sociale est incompatible avec la structure des relations exigées par la tâche ». L'efficience du groupe dépend de l'adéquation entre structure de la tâche et structure sociale et, en retour, cette adéquation renforce la structure sociale et la satisfaction du groupe. L'hypothèse principale est donc que, « dans chaque tâche, seules réussissent les équipes présentant une structure sociale isomorphe à la structure de cette tâche » (Moscovici et Paicheler, 1971, p. 30).

Au point où se situent les résultats de Flament, on peut conclure que le fonctionnement adéquat d'un groupe repose sur un double système d'adéquation :

– la performance d'un groupe sera optimale lorsque sera réalisée l'adéquation entre le réseau de communication et le modèle de la tâche ;

– mais également lorsque existera une adéquation entre ce modèle de la tâche et la structure sociale (c'est-à-dire la répartition des statuts dans des rôles).

3. Nature de la tâche, structure de groupe et performance (Faucheux et Moscovici, 1960)

Dans le même esprit que les travaux précédents, Faucheux et Moscovici étudient l'influence de la nature de la tâche sur l'organisation, le type de communication et la performance d'un groupe. Ils utilisent pour cela deux types de tâches différentes. L'une (les figures d'Euler) est une tâche de résolution de problème simple, c'est-à-dire dont les solutions peuvent être trouvées assez rapidement par l'application d'un algorithme simple. L'autre (les arbres de Riguet) est une tâche complexe, également considérée comme une tâche de créativité, dont l'algorithme de résolution est trop complexe pour être saisi et utilisé dans la situation.

Les recherches de Faucheux et Moscovici ne concernent pas le réseau de communication. Tous les groupes fonctionnent dans un réseau homogène où chacun peut communiquer avec tous. L'hypothèse générale est formulée en ces termes : « Entre la nature de la tâche, la structure des communications dans le groupe et sa capacité à résoudre le problème, il y a des rapports univoques ». Les résultats confirment les hypothèses des auteurs et mettent en évidence (*cf.* tableau 10) que :

– La nature de la tâche détermine l'émergence d'une structure de communication spécifique dans les groupes. La tâche de résolution de problème (Euler) produit des structures centralisées, la tâche complexe favorise des structures homogènes.

TABLEAU 10. Résultats de l'expérience de Faucheux et Moscovici (1960)

	Tâches			
	Simple (Euler)		**Complexe (Riguet)**	
	Nombre de groupes	**% de réussite**	**Nombre de groupes**	**% de réussite**
Groupes centralisés	8	45 %	4	37 %
Groupes homogènes	4	19 %	8	60 %

– En conséquence, les groupes centralisés sont les plus performants dans la tâche simple, les groupes homogènes dans la tâche complexe. C'est l'adéquation Nature de la tâche/Structure de communication qui favorise les performances.

Ces résultats sont d'autant plus concluants que l'on constate que, lorsque l'on inverse les tâches (passage d'une tâche à une autre), les groupes modifient leur organisation en fonction de la nouvelle tâche.

L'analyse des relations et des communications développées par les groupes devant la réalisation de la tâche permet de compléter ces résultats :

– Dans la tâche complexe (Riguet), on observe l'instauration progressive d'une organisation du groupe fondée sur l'apparition de trois types de rôles.

– *Un créateur,* centré sur la tâche, et qui a essentiellement pour fonction de produire des solutions. C'est lui qui reçoit et émet le moins de critiques et ses communications socio-affectives sont minimales.

– *Un organisateur,* qui centralise et organise l'information. C'est lui qui reçoit le plus de communications dans le groupe, il sert de relais entre le créateur et le groupe, il a donc une fonction socio-affective qui l'amène à recevoir le plus d'approbation émanant de l'ensemble du groupe.

– *Les autres participants* qui exercent surtout une fonction de contrôle sur la tâche et d'entretien sur le groupe : ils produisent beaucoup de critiques ou d'approbations, mais aussi un maximum de communications non liées à la tâche elle-même.

– Dans la tâche de résolution de problème (Euler), par contre, les communications sont radicalement différentes : elles sont très majoritairement centrées sur les tâches et consistent en transmission d'informations. La centralisation du groupe, c'est-à-dire la présence d'un leader, réduit considérablement l'émission de critiques en provenance du groupe, et les échanges interpersonnels, en particulier non spécifiques. Les communications sont prioritairement adressées à l'ensemble du groupe.

Chaque type de tâche génère un certain type de communication qui reflète la nature de la tâche et la démarche cognitive qu'elle implique. « La structure cognitive d'un problème favorise l'émergence d'une structure de groupe propre à accomplir les meilleures performances… On peut dire que les groupes fonctionnent mieux lorsqu'il y a congruence entre le type de tâche et l'organisation qu'ils se donnent et, inversement, ils ont tendance à se donner une organisation congruente avec le type de tâche qui leur est confiée » (Moscovici et Paicheler, 1971, p. 28). Chaque type de structure de groupe produit par ailleurs un « style » de communication différent :

– dans les structures centralisées : des « communications-discours », c'est-à-dire essentiellement informatives et dirigées vers l'ensemble du groupe ;

– dans les structures homogènes : des « communications-échanges », plus critiques, plus socio-affectives et interactives à l'intérieur du groupe.

L'expérience de Faucheux et Moscovici complète donc les analyses de Flament et révèle un troisième système d'adéquation. *L'adéquation structure cognitive de la tâche-structure des communications dans le groupe.*

4. Le rôle des représentations dans les phénomènes de groupe (Abric, 1971)

L'ensemble des recherches présentées jusqu'ici montre clairement l'importance essentielle de la structure cognitive de la tâche, de la structure sociale de la situation et des conditions matérielles de communication (le réseau) dans les phénomènes de groupes. Ces résultats sont essentiels car ils déterminent un modèle prédictif des processus de groupe. Connaissant le réseau de communication, le modèle de la tâche, sa structure cognitive et l'organisation sociale du groupe, on doit pouvoir prédire la performance de ce dernier, sa structuration interne, le mode de communication qu'il va adopter, voire le style de leadership qui va y éclore. Mais ces résultats, bien que particulièrement intéressants, laissent de côté un élément essentiel de la situation : le système de représentation des sujets et du groupe. On entend ici par système de représentation l'ensemble des images présentes dans le groupe et qui concernent les différents éléments auxquels il est confronté. En effet, face aux conditions objectives de la situation, les individus développent une activité de perception et de restructuration interne, activité proprement cognitive qui leur permet d'intégrer, de comprendre, et de donner un sens à ces éléments. C'est le produit de cette activité cognitive propre à chaque individu que nous appellerons représentation. L'analyse des représentations est importante à réaliser dans la mesure où elle permet de discerner la réalité subjective – ou interne – de l'individu et du groupe. C'est en fonction de cette réalité subjective qu'ils se situent et que peuvent être appréhendées certaines causes de leur comportement. En particulier on peut supposer que le système de représentation d'un individu ou d'un groupe, c'est-à-dire l'ensemble des images et les relations qui unissent ces images entre elles, est un élément déterminant du comportement, de l'efficacité, de la nature et de la structure des échanges interindividuels. Le but de la recherche d'Abric est d'étudier l'un des éléments du système de représentation : l'image de la tâche. C'est-à-dire l'effet de la variable « représentation » de la tâche sur les processus et la créativité des groupes. Plus précisément, Abric vise à démontrer que ce n'est pas seulement la nature de la tâche qui détermine la structure du groupe, sa démarche cognitive et sa performance, mais aussi l'image que le groupe se fait de la tâche et de la situation dans laquelle il s'insère. Cette hypothèse générale s'articule sur trois considérations essentielles concernant l'effet de la représentation sur la créativité des groupes :

– la représentation de la tâche est un élément déterminant de l'efficience du groupe. En particulier, dans des conditions matérielles identiques, *c'est l'existence d'une relation d'adéquation entre structure effective de la tâche et représentation de la tâche qui permet au groupe d'optimiser sa performance ;*
– *la représentation d'une tâche détermine un comportement cognitif spécifique* : c'est en fonction de l'image de la tâche que le groupe utilise ou privilégie une certaine démarche de résolution du problème ;
– *la représentation de la tâche détermine la structuration du groupe.* Tout autant que les conditions logico-objectives de la tâche, le système de représentation privilégie et favorise l'émergence d'une structure de groupe spécifique.

Pour vérifier ces hypothèses, Abric va utiliser le même matériel que celui de Faucheux et Moscovici : les arbres de Riguet et les figures d'Euler. Ces dernières sont ici présentées avec un habillage particulier rendu nécessaire pour permettre une induction de cette tâche en termes de créativité Euler devient donc la tâche « couleur » qui lui est strictement isomorphe.

L'expérience va croiser deux types de tâches : une tâche de résolution de problème (couleur) et une tâche de créativité (Riguet) avec deux représentations différentes de chacune d'entre elles :

– image de la tâche « résolution de problème » : dans cette situation la tâche est présentée comme une tâche de résolution de problème, c'est-à-dire basée sur la déduction, la méthode, la pensée rigoureuse ;
– image de la tâche « créativité » : la tâche est présentée comme une tâche de création, c'est-à-dire basée sur l'intuition, l'originalité, l'invention.

Ce croisement détermine quatre situations expérimentales (*cf.* tableau 11). Dans deux situations (Couleur – Problème et Riguet – créativité), il y a adéquation entre la représentation de la tâche et la tâche elle-même. Dans les deux autres, il y a inadéquation.

Tableau 11. Les situations expérimentales (Abric, 1971)

Type de tâche		Couleur	Riguet
Image de la tâche	PROB. ou CREAT.	Tâche Problème	Tâche Créativité
		Image Problème	Image Problème
		Tâche Problème	Tâche Créativité
		Image Créativité	Image Créativité

Les sujets, toutes des filles étudiantes de 1re ou 2e année de psychologie, travaillent par groupe de quatre. Dès leur arrivée dans le laboratoire, elles sont accueillies par une formule de politesse. Et on leur indique que le laboratoire travaille sur l'étude de la résolution de problème en groupe (situation image problème) ou sur l'étude des activités de création en groupe (situation image créativité). Puis un matériel très proche de celui utilisé, mais plus simple, est présenté aux sujets pour leur expliquer la nature de la tâche qu'ils vont effectuer. Les sujets remplissent alors un questionnaire théoriquement destiné à recueillir des informations sur eux-mêmes. Ce questionnaire est en fait un questionnaire inducteur destiné à renforcer l'image de la tâche dans le sens de l'induction expérimentale. Puis un questionnaire contrôle (Q1) permet de vérifier la réalité et l'impact de cette induction chez les sujets.

La consigne est alors donnée d'une manière identique à tous les groupes confrontés à la même tâche et la réalisation de la tâche par le groupe peut commencer. Pendant que le groupe travaille, un expérimentateur observe et note le volume et la direction de toutes les communications. Au terme de la tâche, chaque sujet remplit individuellement un questionnaire qui porte à la fois sur la représentation de la tâche (identique à Q1), la démarche cognitive utilisée et la satisfaction. Enfin un questionnaire identique est rempli par le groupe dans son ensemble.

– *Résultats concernant la performance*. La performance optimale est obtenue lorsque la représentation de la tâche correspond à sa nature objective. La représentation « problème » favorise la performance en « couleur », la représentation « créativité » celle avec le « Riguet ». Ce résultat (*cf.* tableau 12) est obtenu car la représentation de la tâche détermine une activité cognitive spécifique qui a pu être mise en évidence dans le Riguet. La représentation « Problème » privilégie une démarche cognitive centrée sur *le contrôle,* plus prudente qu'innovatrice. Par contre, la représentation « créativité » génère une activité cognitive où le contrôle est à la fois moindre et moins efficace, mais où le groupe est centré sur l'originalité, ce qui lui permet de produire dans cette situation beaucoup plus de figures « rares ».

Tableau 12. Principaux résultats

Type de tâche		Problème	Créativité
Représentation de la tâche	Problème	13,5	19,1
	Créativité	11,4	20,3

Type de résultats (Riguet)		Nombres rares découverts	Originalité
Représentation	Problème	28	.66
	Créativité	35	.83

– *Résultats concernant la communication et la structure des groupes*. La représentation de la tâche ne détermine pas le volume de communication. Par contre, dans les situations d'inadéquation tâche-représentation, on observe un nombre significativement plus élevé de communications déterminé par la nature cognitivement conflictuelle de la situation, ces communications étant d'ailleurs plus dirigées vers le groupe dans son ensemble.

– Mais le résultat le plus intéressant concerne la structure des groupes. On sait depuis les résultats de Faucheux et Moscovici et de Flament que la nature de la tâche produit une structure de groupe spécifique : centralisée pour les tâches de résolution de problèmes, homogènes pour la créativité. Or, conformément à ses propres hypothèses, Abric ne confirme pas ces résultats : *la représentation de la tâche joue un rôle plus déterminant que la nature objective de la tâche dans la structuration des groupes.* Quelle que soit la nature de la tâche, la représentation « problème » élimine l'apparition de structures homogènes. Par contre, la représentation créativité favorise l'émergence de ce type de structure (*cf.* tableau 13).

L'exemple le plus spectaculaire est obtenu lorsque les groupes effectuent la tâche de créativité avec une représentation « problème (Riguet/Problème) » : tous les groupes adoptent une structure centralisée – correspondant à leur représentation et parfaitement contradictoire avec la nature objective de la tâche.

TABLEAU 13. Structures de groupes observés

	Riguet Problème	Couleur Problème	Couleur Créativité	Riguet Créativité
Structure homogène	0	0	2	5
Structure centralisée	7	4	4	2
St. mixte (2 sous-groupes)	0	3	1	0

Ces résultats montrent clairement que la compréhension des phénomènes de groupe nécessite la prise en compte des facteurs symboliques, des représentations. Car si l'on a pu observer ici l'importance de la représentation de la tâche, on peut penser que tout un ensemble d'autres représentations interviennent dans les processus de groupe. Représentation que le groupe se fait de lui-même, image qu'il se fait de la réussite, images respectives de chacun des autres membres du groupe, etc.

Donc les éléments objectifs composant la situation ne peuvent être compris que si on les analyse en fonction de leur relation à l'individu ou au groupe qui les utilise. En effet, la perception du groupe ou de l'individu peut être transformée ou perturbée par les images qu'il développe vis-à-vis de l'objet de la perception. L'image, transcription subjective et personnelle de l'objet pour le sujet, est l'élément directeur et motivant de son comportement. L'objet lui-même, qu'il soit une personne, une tâche, une situation, etc., est important, mais toutes aussi importantes sont les significations que le groupe lui donne, les opinions ou attitudes qu'il développe à son égard et finalement l'idée, l'image qu'il s'en fait. La variable représentation, variable cognitive, subjective et sociale, transforme et régit les phénomènes objectifs observés. Elle semble bien agir comme le signale Moscovici (1961) comme un « processus d'orientation des conduites et des communications sociales ».

Les quatre systèmes d'adéquation nécessaires à la performance d'un groupe

1er système	Adéquation tâche – Réseau de communications (*cf.* Leavitt, Heise et Miller, Flament)
2e système	Adéquation tâche – Structure sociale du groupe (*cf.* Poitou et Flament)
3e système	Adéquation Structure de la tâche – Structure du groupe (*cf.* Faucheux et Moscovici)
4e système	Adéquation Nature de la tâche – Représentation de la tâche (*cf.* Abric)

Finalement la conclusion qui peut être tirée après l'ensemble de ces recherches, et en l'état actuel de nos connaissances, c'est que le comportement, les communications et la performance d'un groupe sont régis par l'interaction des quatre systèmes *: le système matériel* dans lequel travaille le groupe (le réseau), *le système logique* des tâches qu'il effectue (modèle et structure de la tâche), *le système social* correspondant à son organisation statutaire et *le système symbolique,* défini par son système de représentation. Et que la performance d'un groupe sera maximale quand ces quatre systèmes seront en adéquation (*cf.* encadré ci-dessus).

5. Distorsion de l'information dans les communications avec relais (cf. Allport et Postman, 1968)

L'un des réseaux de communication mérite une attention particulière car il correspond à un très grand nombre de situations dans la vie réelle, en particulier à un système courant dans les organisations. Le réseau en relais, qui suppose pour qu'une information arrive à sa destination qu'elle ait été reçue et retransmise par un certain nombre de personnes. Paradoxalement fort peu de travaux sont consacrés à l'analyse de cette situation. Par contre, une expérience déjà ancienne réalisée dans un autre cadre – celui de l'étude expérimentale des rumeurs –

nous donne des informations intéressantes sur la nature des processus : c'est la célèbre étude de Allport et Postman, réalisée dans leur laboratoire de « clinique des rumeurs ».

5.1. La recherche de Allport et Postman (1968)

Le dispositif expérimental utilisé par les auteurs n'est pas spécifique aux rumeurs et les résultats qu'ils obtiennent peuvent fort bien s'appliquer aux effets des relais dans la transmission d'une information. Voici la description qu'ils en donnent : « Un cliché est projeté sur un écran. Il s'agit d'habitude d'une image assez dramatique et riche en détail. Six ou sept personnes, qui n'ont pas vu l'image, attendent dans une pièce voisine. L'une d'entre elles est introduite et placée de façon telle qu'elle ne puisse voir l'écran. L'un des spectateurs (ou l'expérimentateur) lui décrit l'image en donnant une vingtaine de détails. Un second sujet est introduit dans la pièce et placé auprès du premier qui lui relate tout ce qu'il a retenu concernant l'image (les sujets reçoivent tous la consigne de « reproduire le plus exactement possible tout ce qu'ils ont entendu »). Le second sujet prend alors la place du premier et transmet au troisième sa propre version de l'image. Chacun des six ou sept sujets écoute le récit de celui qui le précède et le transmet à celui qui le suit. L'assistance est ainsi en mesure d'observer la détérioration de la rumeur en comparant les différentes versions données par les sujets, avec le stimulus-image qui reste sur l'écran d'un bout à l'autre de l'expérience. »

Cette méthode a été appliquée à plus de 40 groupes de sujets, parmi lesquels des étudiants, des recrues, des membres de commissions publiques, les patients d'un hôpital militaire, les membres d'un groupe d'enseignants et des officiers de police suivant un cours de formation. Outre ces sujets adultes, on utilisa des enfants, élèves d'une école privée dans des classes comprises entre la septième et la troisième.

Le dispositif d'Allport et Postman repose donc sur l'utilisation d'un réseau de communication linéaire et unilatéral, puisque chaque récepteur ne peut poser de questions ni réagir d'une quelconque façon au message reçu. Les résultats obtenus pourront donc parfaitement s'appliquer – sous les réserves que nous présenterons plus tard – aux phénomènes qui apparaissent lorsqu'une information circule d'individu à individu. C'est bien la situation courante par exemple, de la transmission d'une consigne, ou d'un ordre, dans une organisation structurée hiérarchiquement.

Le principal résultat de cette recherche est de montrer que lors de la transmission d'un message par des relais *des processus systématiques de distorsion* apparaissent, conduisant au fait qu'à chaque relais l'information se transforme. Allport et Postman mettent en évidence trois types, interdépendants, de transformation.

• *Premier processus : la réduction.* À mesure que l'information circule, elle tend à devenir plus courte, plus concise, plus facile à comprendre et à raconter. Elle ressemble finalement à un aphorisme simple et sans ambiguïté, comme par exemple : « Le syndicat est contrôlé par les communistes », « Il n'y a plus d'argent dans la caisse », « Cinq cents lettres de licenciements viennent d'être envoyées ». Cette réduction n'est pas régulière dans le temps. Elle s'opère surtout lors des premières transmissions. Dans seize expériences réalisées par les auteurs, ils constatent que 70 % des détails sont éliminés après cinq ou six relais. Comme le signale Rouquette (1975), on peut donc distinguer deux phases successives dans la transmission d'une information :

– une première phase « d'équilibration » ou « d'adaptation » durant laquelle le message se transforme ;
– une deuxième phase de « stabilité » et « d'invariance » durant laquelle le message simplifié ne se transforme plus.

Allport et Postman observent par ailleurs que la courbe correspondant à l'ampleur de la réduction correspond très précisément à celle obtenue par Ebbinghaus à propos des phénomènes d'oublis individuels sur un temps très long. La chute des informations dans les relais correspond à celle des oublis dans la mémoire individuelle, mais elle est beaucoup plus rapide. La mémoire collective à l'œuvre dans les relais accomplit en quelques minutes une réduction équivalente à celle réalisée par la mémoire individuelle en quelques semaines.

Par ailleurs, la réduction ne s'effectue pas de manière aveugle et strictement quantitative. Un certain nombre d'éléments du message « résistent » plus que d'autres. Ce sont les éléments qui intéressent les sujets, ceux qui correspondent à leurs attentes, ou ceux qui les aident à donner une signification au message. Les éléments centraux, pour un individu donné, sont conservés.

• *Deuxième processus : l'accentuation.* C'est le complément inévitable de la réduction. Ce qui reste du message après réduction va être exagéré. Allport et Postman remarquent néanmoins que « ce ne sont pas toujours les mêmes détails qui sont accentués ». Il arrive qu'un détail insignifiant devienne le centre d'attraction du récit. Plusieurs types d'accentuation semblent cependant – aux yeux des auteurs – privilégiés et constants :

– l'accentuation des dimensions ou du nombre : « un soldat » devient « une armée », un « conseiller municipal » devient « le maire » ;

– l'accentuation temporelle : ramène au présent des informations ou des événements passés ;

– l'accentuation du mouvement : accélération de la vitesse, mise en mouvement d'objets immobiles ;

– l'accentuation des explications ou des conclusions : renforce la signification générale du message, en assure la cohérence.

• *Troisième processus : l'assimilation*. C'est le processus fondamental. C'est lui en effet, qui dirige les processus précédents. Il génère la réduction, il détermine les exagérations. Il découle des attitudes, des affects, des stéréotypes, et aussi de facteurs probablement inconscients. Parmi les sept formes d'assimilation retenues par Allport et Postman nous pouvons en retenir quatre qui s'appliquent directement aux communications avec relais :

– assimilation au thème principal : des détails incongrus ou sans signification sont incorporés au message pour en accroître la logique et la vraisemblance. Un civil parmi des militaires devient un militaire par exemple. Cette forme d'assimilation peut aboutir à la complétion on ajoute des informations destinées à combler une incertitude ;

– assimilation par condensation : par économie cognitive, plusieurs détails sont fondus en un seul facilitant ainsi la mémorisation et la transmission ;

– assimilation par les centres d'intérêts des individus : si l'information circule dans un groupe partageant les mêmes centres d'intérêts, ces derniers peuvent jouer un rôle essentiel dans la distorsion. Si dans l'image initiale figure par exemple une vitrine avec des vêtements féminins le détail peut déclencher un récit consacré essentiellement à la mode féminine. C'est ce qu'observent bien Allport et Postman : cette transformation n'apparaît que dans des groupes de femmes, jamais dans des groupes d'hommes !

– assimilation par les préjugés et les stéréotypes : les détails du message sont transformés pour être conformes aux préjugés de la population concernée. C'est l'exemple célèbre donné par les auteurs. Si on présente à des groupes de sujets blancs, une photo présentant une scène pacifique dans le métro, mettant en présence des voyageurs noirs et blancs et que l'un de ces derniers (un Blanc) tient à la main un rasoir-couteau, la transmission du message par relais aboutit à deux transformations majeures la scène, de pacifique, devient violente, le couteau passe de la main du

Blanc à celle du Noir. On n'obtient pas ce type de transformation – bien entendu – dans les groupes constitués de sujets noirs…

5.2. Le modèle de Rouquette (1965)

Reprenant dans une perspective de critique constructive les travaux précédents, Rouquette pose que les mécanismes de distorsion mis en évidence assurent deux fonctions complémentaires (*cf.* Rouquette, 1965, p. 75) :

– d'une part, ils réalisent une économie pour la mémoire en abrégeant le message, en l'organisant sous une bonne forme, en le ramenant à des stéréotypes verbaux et plus largement à des habitudes *cognitives* ;

– d'autre part, ils expriment directement les attentes, les attitudes, les opinions de la population et constituent par là une mode d'élaboration de la « *pensée sociale* » (*cf.* Rouquette, 1998).

On n'a pas affaire à une simple accumulation de déformations mais à un ensemble de manifestations d'un processus plus profond que gouverne une certaine logique sociale. Par exemple les processus de réduction – que Rouquette appelle « omission » sont déterminés par l'action de filtres cognitifs constitués par les attitudes, les opinions et les représentations sociales. Dès lors le fait qu'un élément soit conservé dans le message témoigne qu'il joue un rôle dans cette économie socio-cognitive : il est *sélectionné* par les sujets, donc valorisé (positivement ou négativement). Il manifeste la relation du sujet à l'information transmise.

C'est ici, dit Rouquette, qu'apparaissent les limites des travaux de Allport et Postman. En posant dans leur dispositif que tous les acteurs sont identiques, que tous les éléments du réseau fonctionnent de la même manière, ils évacuent cette dimension socio-cognitive essentielle. « Les relais composant un réseau ne sont pas mutuellement semblables ou équivalents, mais au contraire différenciés par leurs représentations. Par ailleurs dans la réalité sociale existent également des relations formelles et informelles entre les relais, autrement dit, le réseau de communication fonctionne dans un contexte socialement structuré qui va déterminer la nature des processus qui s'y développent. » Une recherche de Pichevin *et al.* (1971) illustre et confirme ce rôle des composants sociales dans les distorsions réalisées durant les relais.

Dans l'expérience de Pichevin, des groupes de six sujets ont à transmettre une histoire relatant la préparation d'un voyage par trois personnages. On fait alors varier la nature des relations entre eux. Ils ont des relations affectives positives ou négatives, de même que des attitudes favorables ou non au voyage envisagé. On réalise ainsi deux types de situations. Une situation dans laquelle la structure sociale est équilibrée (au sens de Heider) et une autre où elle est déséquilibrée. Les résultats montrent que lors de la transmission ce sont les éléments déséquilibrés qui sont plus conservés que les autres. Par ailleurs dans les situations où le message à transmettre est « déséquilibré », apparaissent des ajouts d'informations visant à rétablir une cohérence. La nature « socio-cognitive » de l'information génère donc des processus spécifiques liés non pas à de simples préoccupations fonctionnelles mais à un certain mode de fonctionnement de la pensée sociale. De même dans une de ses recherches (1975), Rouquette met en évidence que la nature des transformations dépend de l'attitude initiale des sujets à l'égard de l'information transmise.

On peut conclure de ces analyses et de ces résultats qu'à chaque relais intervient l'ensemble des facteurs psychologiques, cognitifs et sociaux présentés dans le schéma général de notre chapitre 1. C'est dire l'ampleur des risques de distorsions et le soin à apporter à la constitution d'un message devant être nécessairement relayé.

— Conclusion —

Il nous semble qu'à travers la diversité des approches et des théories quelques points de convergence essentiels apparaissent pour définir la spécificité des situations de communication et dégager des règles ou des principes fondamentaux à une communication efficace et authentique.

La première règle pose la prééminence du climat sur la technique dans la communication humaine. *C'est fondamentalement la qualité de la relation qui génère la qualité de la communication.* Car, si dans les communications de masse ou médiatiques, le support technique utilisé, la compétence oratoire de l'acteur, peuvent jouer un rôle essentiel, il n'en est pas de même dans les situations de communication que nous avons étudiées : entre individus ou dans les groupes restreints. Dans ces situations, ce n'est pas l'expert qui communique le mieux, c'est celui qui est à même de créer un contexte relationnel facilitant l'expression et la réceptivité.

Notre deuxième principe définit l'acte de communication authentique comme constitué par cinq règles. Pour qu'une communication soit effective et de qualité, il est nécessaire :

- d'écouter,
- d'observer,
- d'analyser,
- de s'exprimer,
- de contrôler.

Écouter, c'est-à-dire prendre en compte le point de vue de l'autre ; *observer,* c'est-à-dire s'intéresser à tout ce qui se passe – et souvent de manière non verbale – dans la situation. *Analyser* pour faire la part de l'explicite et de l'implicite, de l'observable et du masqué, dégager les éléments constituant le champ psychologique et social déterminant les individus. *Contrôler* la qualité et la pertinence du message (le *feed-back*) et les processus susceptibles de parasiter l'échange. *S'exprimer* enfin pour l'Autre, en fonction de l'interlocuteur et de la nature de l'objet de la communication.

Un troisième point, enfin, est essentiel : toute communication s'inscrit dans un contexte psychologique qui reste toujours un contexte social et idéologique. Le rôle et le poids des normes sociales, des représentations sociales, des valeurs de référence sont considérables. La seule analyse psychologique de la communication est donc insuffisante. La communication doit toujours s'étudier et se comprendre par l'interaction entre trois types de facteurs : psychologiques, cognitifs et sociaux.

— Bibliographie —

ABRAVANEL C., ACKERMANN W. (1973), Langage et communication, *in* S. Moscovici (ed.), *Introduction à la psychologie sociale*, t. II, Paris, Larousse, 171-194.

ABRIC J.-C. (1971), Experimental study of group : creativity task representation, group structure and performance, *European Journal of Social Psychology, 1*, 311-326.

ABRIC J.-C. (1984), La créativité des groupes, *in* S. Moscovici, *Psychologie sociale*, Paris, PUF, 193-218.

ABRIC J.-C. (1987), *Coopération, compétition et représentations sociales*, Cousset-Fribourg, DelVal.

ABRIC J-.C. (1992), Indicateurs non verbaux du mensonge : recherche expérimentale, *Bulletin de psychologie, XLV*, 405, 272-279.

ABRIC J.-C. (1994), *Pratiques sociales et représentations*, Paris, PUF.

ABRIC, J.-C. (2003), *Méthodes d'étude des représentations sociales*, Eres.

AEBISCHER V., OBERLÉ D. (1990), *Le Groupe en psychologie sociale*, Paris, Dunod.

ALLPORT G.W. (1935), Attitudes, *in* Murchison, *Handbook of Social Psycholegy*, Worcester, Mass, Clark Univ. Press.

ALLPORT G.W., POSTMAN L.J. (1945), The basic psychology of rumor, trad. franç, *in* A. Levy, 1968, *Les bases psychologiques des rumeurs. Textes fondamentaux de psychologie sociale*, Paris, Dunod, 170-185.

AMADO G., GUITTET A. (1975), *La Dynamique des communications dans les groupes*, Paris, Armand Colin.

ANZIEU D. (1966), Étude psychanalytique des groupes réels, *Les Temps modernes*, juillet, 242, 56-73.

ANZIEU D. (1971), L'illusion groupale, *Nouvelle revue de psychanalyse, 4*, 73-93.

ANZIEU D. (1975), *Le Groupe et l'inconscient*, Paris, Dunod.

ANZIEU D. *et al.* (1976), *Le Travail psychanalytique dans les groupes*, Paris, Dunod.

ANZIEU D., Martin, J.-Y. (1982), *La Dynamique des groupes restreints*, Paris, PUF.

ARCHIER G., SERIEYX H. (1986), *Pilotes du troisième type*, Paris, Seuil.

ARGENTIN G. (1989), *Quand faire c'est dire,* Bruxelles, Mardaga.

ASCH S.E. (1940), Studies in the principles of judgements and attitudes, *Journal of social psychology*, *12*, 433-465.

ASCH S.E. (1946), Forming impressions of personality, *Journal of Abnomal and Social Psychology*, *41*, 258-290.

ASCH S.E. (1951), Effects of group pressure on the modification and distortion of judgments, *in* H. Guetzkow (ed.), *Groups, leadership and men*, Pittsburgh, Carnegie. Trad. fr. Influence interpersonnelle : les effets de la distorsion des jugements, *in* C. Faucheux et S. Moscovici (éd.) *Psychologie sociale théorique et expérimentale*, Paris, Mouton, 1971, 235-245.

ASCH S.E. (1952), Effects of groups pressure upon the modification and distorsion of judgements, *in* Maccoby, Newcomb et Hartley, *Readings insocial psychology*, New York, Henry Holt and Co., 174-183.

ASCH S.E. (1956), Studies of independance and conformity : A minority of one against an unanimous majority, *Psychological Monograph*, *70*, 416.

AUBERT N. *et al.* (1991), *Management*, Paris, PUF.

BALES R.F. (1965), Rôles centrés sur la tâche et rôles sociaux dans les groupes ayant des problèmes à résoudre, *in* A. Lévy, *Psychologie sociale, textes fondamentaux*, Paris, Dunod.

BALES R.F. (1950), *Interaction process analysis : a method for the study of small groups*, Cambridge, Addison-Wesley.

BALES R.F. (1953), The equilibrium problem in small groups, *in* T. Parsons, R.F. Bales, E.A. Shilds (eds.), *Working Paars in the Theory of Action*, Glencoe, Free Press, 111-161.

BASTIN G. (1961), *Les Techniques sociométriques*, Paris, PUF.

BAVELAS A. (1948), A mathematical model for group structure, *Applied Anthrop.*, *7*, 16-30.

BAYLON C., MIGNOT X. (1991), *La Communication*, Paris, Nathan Université.

BEAUVOIS J.-L. (1995), Les interactionnismes, *in* G. Mugny, D. Oberlé, J.-L. Beauvois, *Relations humaines, groupes et influence sociale*, Presses Universitaires de Grenoble, 139-149.

BEAUVOIS J.-L., DESCHAMPS J.-C. (1990), Vers la cognition sociale, *in* R. Ghiglione, C. Bonnet, J.-F. Richard, *Traité de psychologie cognitive*, vol. III, Paris, Dunod.

BION W.R. (1965), *Recherches sur les petits groupes*, Paris, PUF.

BINET A. (1900), *La Suggestibilité*, Paris, Schleicher.

BLANCHET A. *et al.* (1985), *L'Entretien dans les sciences sociales*, Paris, Dunod.

BLANCHET A. (2004), L'incompétence pragmatique, *in* M. Bromberg et A. Trognon, *Psychologie sociale et communication,* Paris, Dunod.

BROMBERG M. (1990), La communication : le « pourquoi », *in* R. Ghiglione, C. Bonnet et J.-F. Richard, *Traité de psychologie cognitive*, III, Paris, Dunod, 227-274.

BROMBERG M., TROGNON A. (2004), *Psychologie sociale et communication,* Paris, Dunod.

CAMUS O. (2004), L'entretien de recrutement : contrat très particulier ou terrain modèle ? *in* M. Bromberg et A. Trognon, *Psychologie sociale et communication,* Paris, Dunod.

CHAUCHAT M. (1985), *L'Enquête en psychosociologie*, Paris, PUF.

COCH L., FRENCH J.R.P. (1948), Overcoming resistance to change, *Human Relations*, *4*, 512-533.

COOK M. (1984), Regard et regard réciproque dans les interactions sociales, *in* J. Cosnier et A. Brossard, *Communication non verbale et langage de psychologie médicale, 9* (II), 033-2049, Delachaux et Niestlé.

CORRAGE J. (1980), *Les Communications non verbales*. Paris, PUF.

COSNIER J., BROSSARD A. (1977), *Communication non verbale et langage de psychologie médicale, 9 (II),* 2033-2049, Delachaux et Niestlé.

DAUTRIAT H. (1959), *Le Questionnaire*, Bordeaux, Publications de l'ISHA.

DE VISSCHER P. (1991), *Us, avatars et métamorphoses de la dynamique des groupes. Une brève histoire de groupes restreints*, Grenoble, Presses Universitaires de Grenoble.

DESCHAMPS J.-C., BEAUVOIS J.-C., (1998), *Des attitudes aux attributions*, PUG, Grenoble.

DEUTSCH M., GERARD H.B. (1955), A study of normative and informational social influences upon individual judgment, *Journal of Abnormal and Social Psychology*, *51*, 629-636.

DOISE A., MUGNY G. (1981), *Le Développement social de l'intelligence*, Paris, Interéditions.

DOISE W. (1978), *Psychologie sociale expérimentale*, Paris, Armand Colin.

DOISE W., DESCHAMPS J.-C., MUGNY G. (1978), *Psychologie sociale expérimentale*, Paris, Armand Colin, collection U.

DOISE W., MUGNY G. (1981), *Le Développement social de l'intelligence*, Paris, Interéditions.

DOMS M., MOSCOVICI S. (1984), Innovation et influence des minorités, *in* S. Moscovici (éd.), *Psychologie sociale*, Paris, PUF, 51-89.

DORRA M., MILLET G. (1981), *Comment mener un entretien individuel*, Paris, Dunod.

ELLWORTH P.C., LUDWIG L.M. (1972), Visual behavior in social interaction. *Journal of communication,* 22, 275-403.

EKMAN P., FRIESEN W.V. (1984), La mesure des mouvements faciaux, *in* J. Cosnier et A. Brossard, *Communication non verbale et langage de psychologie médicale, 9 (II),* 2033-2049, Delachaux et Niestlé.

EXLINE R.U. (1957), Group climates as a factor in the relevance in accuracy of social perception, *Journal of abnormal and social psychology*, *55*, 382-388.

FAUCHEUX C. (1959), Théorie et technique du groupe de diagnostic, *in Bulletin de Psychologie*, n° spécial « Groupes », 158-161, tome 12, 397-419.

FAUCHEUX C., MOSCOVICI S. (1960), Étude sur la créativité des groupes, II, Tâche, structure des communications et réussite, *Bulletin du CERP*, *9*, 11-22.

FAUCHEUX C., MOSCOVICI S. (1967), Le style de comportement d'une minorité et son influence sur les réponses d'une majorité, *Bulletin du CERP*, *16*, 337-360.

FAUCHEUX C., MOSCOVICI S. (1971), *Psychologie sociale théorique et expérimentale*, Paris, Mouton.

FEERTCHAK J.-J. (1996), *Les Motivations et les valeurs en psychosociologie*, Paris, Armand Colin.

FESTINGER L. (1954), A theory of social comparison process, *Human Relations*, *7*, 117-140.

FIEDLER F.E. (1972), Une question de personnalité ou de circonstances ? Comment devient-on un leader ? *Psychologie*, mars 1972, *26*, 26-31.

FISCHER G.N. (1987), *Les Concepts fondamentaux de la psychologie sociale*, Paris, Dunod.

FISCHER G.N. (1990), *Les Domaines de la psychologie sociale le champ du social*, Paris, Dunod.

FLAMENT C. (1958), Aspects rationnels et génétiques des changements d'opinions sous influence sociale, *Psychologie française*, III, *3*, 186-196.

FLAMENT C. (1964), De la psychologie sociale expérimentale à l'étude des groupes naturels, *Cahiers de psychologie*, VII, 3, p. 91-104.

FLAMENT C. (1965a), Les processus de communication, *in* P. Fraisse et J. Piaget, *Traité de Psychologie expérimentale*, IX, Paris, PUF.

FLAMENT C. (1965b), *Réseaux de communication et structure de groupe*, Paris, Dunod.

FRAISSE P., PIAGET J. (1965), *Traité de psychologie expérimentale, IX, Psychologie sociale*, Paris, PUF.

FRENCH J.R.P., RAVEN B.H. (1959), The bases of social power, *in* D. Cartwright (ed.), *Studies in Social Power*, Ann Arbor, Institute for Social Research, 150-168.

FREUD S. (1921), *Psychologie collective et analyse du moi*, Paris, Payot.

FREUD S. (1923), *Totem et tabou*, éd. originale allemande, 1912-1913, trad. fr., Paris, Payot.

FREUD S. (1927), Psychologie collective et analyse du moi, éd. originale allemande, 1921, trad. fr. *in Essais de psychanalyse*, Paris, Payot.

GEORGET P. (2004), Gestualité et attribution de crédibilité, *in* M. Bromberg et A. Trognon, *Psychologie sociale et communication,* Paris, Dunod.

GHIGLIONE R., MATALON B. (1978), *Les Enquêtes sociologiques*, Paris, Armand Colin.

GHIGLIONE R. (1986), *L'Homme commnicant*, Paris, Armand Colin.

GOFFMN I. (1973), *La Mise en scène de la vie quotidienne*, Paris, Minuit.

GRISEZ J. (1975), *Méthodes de la psychologie sociale*, Paris, PUF, collection Sup.

GRUÈRE J.-P. (1991), Les groupes et leur dynamique, *in* N. Aubert *et al.*, *Management*, Paris, ESF, p. 247-188.

GUITTET A. (1983), *L'Entretien*, Paris, Armand Colin, collection U.

HALL E.T. (1971), *La Dimension cachée*, Paris, Seuil.

HALL J., WATSON W.H. (1970), The effects of a normative intervention on group decision-making performance, *Human Relations*, *23*, 299-317.

HEARN G. (1957), Leadership and the spatial factor in small groups, *Journal of abnormal social psychology*, *54*, 269-273.

HEIDER F. (1958), *The Psychology of interpersonal relations*, New York, Wiley.

HEISE G.A., MILLER G.A. (1951), Problem solving by small groups using various communication nets, *Journal abnormal social psychology*, *35*, 327-335.

HOWELLS L.Y., BECKER S.W. (1962), Seating arrangment and leadership emergence, *Journal of abnormal and social psychology*, *64*, 148-150.

IZARD C.E. (1971), *The Face of emotion*, New York, Appleton.

JAKOBSON R. (1963), *Essais de linguistique générale*, Paris, Minuit.

JANIS I.L. (1971), *Groupthink in psychology to day*, november, 32-46.

JENKIS J.G. (1948), The nominating technique as a method of evaluating Air group morale, *Journal of Aviation Medecine*, *19*, 12-19.

JULIAN J.W. *et al.* (1966), Quasi-therapeutic effects of intergroup competition. *Journal of Personal and Social Psychology*, *3*, 321-327.

KAEPPELIN (1993), *L'Écoute*, Paris, ESF.

KAËS R. (1976), *L'Appareil psychique groupal*, Paris, Dunod.

KAPFERER J.N. (1987), *Rumeurs, le plus vieux média du monde*, Paris, Seuil.

KIM Y.Y. (1991), *Intercultural communication competence in Ting-Toomen et Kor-Jenny. Cross cultural interpersonal communication*, Sage (eds).

LAMBERT R. (1965), Autorité et influence sociale, *in* P. Fraisse et J. Piaget, *Traité de Psychologie expérimentale*, Paris, PUF.

LEAVITT H.J. (1951), Some effects of certain communication patterns on group performance, *Journal of Abnormal and Social Psychology*, *46*, 38-50.

LEAVITT H.J. (1965), Quelques effets de divers réseaux de communication sur la performance d'un groupe, *in* A. Lévy, *Psychologie sociale textes fondamentaux anglais et américains*, Paris, Dunod.

LÉVY A. (1965), *Psychologie sociale, textes fondamentaux*, tome 1., Paris, Dunod.

LEWIN K. (1959), *Psychologie dynamique les relations humaines*, Paris, PUF.

LEYENS J.-P. (1979), *Psychologie sociale*, Bruxelles, Mardaga.

LIKERT R. (1967), *The Human organisation*, New York, Mac Graw-Hill.

LIPPITT R., WHITE R. (1965), Une étude expérimentale du commandement et de la vie des groupes, *in* A. Lévy, *Psychologie sociale textes fondamentaux anglais et américains*, Paris, Dunod.

LUCHINS A.S. (1955), A variational approach to social influenes on perception, *Journal of social psychology*, *42*, 113-119.

MAISONNEUVE J. (1965), La sociométrie et l'étude des relations préférentielles, *in* P. Fraisse et J. Piaget, *Traité de Psychologie expérimentale*, IX, Paris, PUF.

MAISONNEUVE J. (1966), *Psychologie des affinités*, Paris, PUF.

MAISONNEUVE J. (1990), *La Dynamique des groupes*, Paris, PUF, coll. Que sais-je ?

MARC P. (1987), *De la bouche… à l'oreille*, Cousset-Fribourg, DelVal.

MARTIN J.-C. (1999), *Le guide de la communication*. Paris, Marabout.

MASUR E.F. (1978), Preschool boys'speech modifications The effect of listeners'linguistic levels and conversational responsiveness, *Child Development*, *49*, p. 924-927.

MEKRABIAN A. (1972), *Non verbal communication,* Aldine.

MICHEL S. (1991), La communication inter-personnelle, *in* N. Aubert *et al.*, *Management*, Paris, PUF, 205-246.

MILGRAM S. (1971), Pression de groupe et action contre un individu, *in* Faucheux et Moscovici (eds.), *Psychologie sociale théorique et expérimentale*, Paris, Mouton, 301-312.

MILGRAM S. (1974), *Soumission à l'autorité,* Paris, Calmann-Lévy.

Montmollin G. (de) (1969), L'interaction sociale dans les petits groupes, in *Traité de psychologie sociale* (sous la dir. de P. Fraisse et J. Piaget), tome IX (chap. XXX), Paris, PUF, 1-58.

Montmollin G. (de) (1977), *L'Influence sociale phénomènes, facteurs et théories*, Paris, PUF.

Moore H.T. (1921), The comparative influence of majority and expert opinion, *American Journal of psychology*, *32*, 16-20.

Moreno J.-L. (1934), *Who shall survive* Washington, Nervous and Mental Disease Publishing C°.

Moreno J.-L. (1969), *Les Fondements de la sociométrie*, Paris, PUF, 2e édition.

Moscovici S. (1961), *La Psychanalyse, son image et son public*, 2e éd., Paris, PUF, 1976.

Moscovici S. (sous la direction de) (1972), *Introduction à la psychologie sociale*, Paris, Larousse.

Moscovici S. (1979), *Psychologie des minorités actives*, Paris, PUF.

Moscovici S. (1984), *Psychologie sociale*, Paris, PUF.

Moscovici S., Doise W. (1992), *Dissensions et consensus. Une théorie générale des décisions collectives*, Paris, PUF.

Moscovici S., Lage E. (1976), Studies in social influence III : majority versus miority influence in a group, *European Journal of Social Psychology*, *6*, 149-174.

Moscovici S., Lage E. (1978), Studies in social influence IV : Minority influence in a context of original judgments, *European Journal of Social Psychology*, *8*, 349-365.

Moscovici S., Lage E., Nafrechoux M. (1969), Influence of a consistent minority on the responses of a majority in a color perception task, *Sociometry*, *32*, 365-380.

Moscovici S., Paicheler G. (1971), Travail, individu et groupe, *in* S. Moscovici (ed.), *Introduction à la psychologie sociale*, Paris, Larousse, vol. 2, 9-44.

Moscovici S., Plon M. (1966), Les situations colloques, observations théoriques et expérimentales, *Bulletin de psychologie*, janvier, *19*, 702-722.

Moscovici S., Ricateau, P. (1972), Conformité, minorité et influence sociale, *in* S. Moscovici (ed.), *Interaction à la psychologie sociale*, Paris, Larousse, vol. I, 139-1991.

Mucchielli A. (1995), *Psychologie de la communication*, Paris, PUF.

Mucchielli R. (1966), *L'Entretien de face à face dans la relation d'aide*, Paris, ESF.

Mucchielli R. (1987), *La Conduite des réunions*, Paris, ESF.

Mucchielli R. (1991), *L'Observation psychologique et psychosociologie*, Paris, ESF.

Mugny G. (1976), Conformisme et soumission, *in* W. Doise *et al.* (ed.), *Psychologie sociale experimentale*, Paris, Armand Colin, 105-120.

Mugny G., Oberlé D., Beauvois J.-L. (1995), *Relations humaines, Groupes et influence sociale*, Presses Universitaires de Grenoble.

Muldern M. (1963), *Group structure, motivation and group performance*, La Haye-Paris, Mouton.

NEMETH C., WACHTLER J. (1974), Consistency and modification of judgment, *Journal of Experimental Social Psychology*, *9*, 65-79.

NEWCOMB T.M., TURNER R.H., CONVERSE P.E. (1965), La communication, in *Manuel de psychologie sociale*, Paris, PUF, 1970.

OSBORN A. (1965), *L'Imagination constructive*, Paris, Dunod.

PAGÈS M. (1963), Note sur la vie affective des groupes, *Bulletin de psychologie* *16*, 6-7, 327-335.

PAGÈS M. (1965), *L'Orientation non directive en psychothérapie et en psychologie sociale*, Paris, Dunod.

PAGÈS M. (1968), *La Vie affective des groupes*, Paris, Dunod.

PAGÈS R. (1965), La Perception d'autrui, *in* P. Fraisse et J. Piaget, *Traité de Psychologie expérimentale*, IX, Paris, PUF.

PAICHELER G. (1985), *Psychologie des influences sociales*, Paris, Delachaux et Niestlé.

PARSONS T., BALES R.F. (1955), *Family, socialization and interaction process*, New York, Free Press.

POITOU J.-P., FLAMENT C. (1967), Structure sociale et structure de tâche, *L'Année psychologique*, *67*, 2, 493-512.

PORTER G.H. (1950), *An introduction to therapeutic counseling*, Boston, Houghton Miffin.

REDL F. (1965), Émotion de groupe et leadership, *in* A. Lévy, *Psychologie sociale, Textes fondamentaux anglais et américains*, Paris, Dunod, 376-392.

REUMAUX F. (1996), *La Veuve noire. Message et transmission de la rumeur*, Paris, Méridiens-Klincksieck.

ROGERS C. (1967), *Le Développement de la personne*, Paris, Dunod.

ROGERS C., KINGET M. (1962), *Psychothérapie et relations humaines*, Paris, Nauwelaerts.

ROMMERTVEIT R. (1971), Words, contexts and verbal message transmission, *in* A.E. Carswell et R. Rommetveit (eds), *Social context of messages*, Londres et New York, Academic Press.

ROUQUETTE M.-L. (1998), *La Communication sociale*, Dunod.

ROUQUETTE M.-L. (1984), Les communications de masse, *in* S. Moscovici, *Psychologie sociale*, Paris, PUF, 495-512.

ROUQUETTE M.-L. (1975), *Les Rumeurs*, Paris, PUF, coll. Sup.

ROUQUETTE M.-L. (1976), *La Créativité*, Paris, PUF.

SCHACHTER S. (1951), Deviation, rejection and communication, *Journal of Abnormal and Social Psychology*, *46*, 190-208.

SCHACHTER S. (1965), Déviation, rejet et communications, *in* A. Lévy, *Psychologie sociale textes fondamentaux anglais et américains*, Paris, Dunod.

SCHRAG D. (1954), Leadership among prison inmates, *American Sociological Review*, *19*, 37-42.

SHANON C.F. (1952), *The Mathematical Theory of Communication*, University of Illinois Press, Urbana.

SHAW M.E. (1964), Communication networks, *in* L. Berkowitz (ed.), *Advances in experimental social psychology*, New York, Londres, Academic Press, 111-147.

SHAW M.E., GILCHRIST J. (1956), Intra-group communication and leader choice, *Journal of Social Psychology*, *43*, 33-38.

SHAW M.E., ROTHSCHILD G.H., STRICKLAND J.F. (1957), Decision processes in communication nets, *Journal abnormal social psycholog.*, *54*, 323-330.

SHERIF M. (1965), Influence du groupe sur la formation des normes et des attitudes, *in* A. Lévy, *Psychologie sociale ; textes fondamentaux anglais et américains*, Paris, Dunod.

SHERIF M. (1966), *Incommon predicament*, New York, Houghton Mifflin.

SHERIF M., SHERIF C.W. (1953), *Groups in harmony and tension*, New York, Harper and Row.

SIEGEL G.M. (1963), Adult verbal behaviour with retarded children labeled as « high or « low in verbal ability, *American Journal of Mental Deficiency*, *68*, 417-424.

STEINZOR B.,1950), The spacial factor inface to face discussion, *Journal of Abnormal and Social Psychology*, *45*, 552-555.

STOETZEL J. (1963), *La Psychologie sociale*, Paris, Flammarion.

TAGIURI R. (1952), Relational analysis an extension of sociometry method with emphasis upon social perception, *Sociometry*, *15*, 91-104.

TANNENBAUM, SCHMIDT (1958), Comment choisir un style de leadership ? *Harvard Business Review*, mars 1958.

THOMAS W.I., ZNANIECKI F. (1918), *The Polish peasant in Europe and America*, Boston, Badger.

VAN ZELST R.H. (1952), Sociometrically selected work teams increase productivity, *Personal psychology*, *5*, 175-186.

VISSCHER P. (de) (1991), *Us, avatars et métamorphoses de la dynamique des groupes*, Presses Universitaires de Grenoble.

VITO A. (de) (1993), *Les Fondements de la communication humaine*, Québec, Gaétan Morin Editeur.

VON CRANACH M. (1973), La communication non verbale dans le contexte du comportement de communication, *in* S. Moscovici, *Introduction à la psychologie sociale,* Paris, Larousse.

WALLON H. (1960), *L'Évolution psychologique de l'enfant,* Paris, Armand Colin.

WATZLAWICK P., HELMICK-BEAVIN J., JACKSON D. (1967), Trad. fr. 1972. *Une logique de la communication*, Paris, Seuil.

ZAJONC R.B. (1966), Trad. fr. 1967. *Traité de psychologie expérimentale*, Paris, Dunod.

— Index thématique —

11019314 - (V) - (1,5) - BSB 90° - BTT
Achevé d'imprimer sur les presses de l'Imprimerie CHIRAT
42540 Saint-Just-la-Pendue
Dépôt légal février 2012 - N° 201201.0435

Imprimé en France